偉人《いじん》たちの〈あの日　あの時〉

愛《あい》で世界を照《て》らした人々

鈴木洋子《すずきようこ》・著《ちょ》　山岡勝司《やまおかかつじ》・絵《え》

日本教文社

愛《あい》と勇気《ゆうき》の翼《つばさ》をもって

鈴木洋子《すずきようこ》

この本には、人類《じんるい》のために愛《あい》の行ないをささげた人たちが登場します。

わたしたちには、とうていまねができないような大きな事業に見えます。でも、そのはじまりは、マザー・テレサが貧《まず》しい人たちだけが住む特別な地域《ちいき》に入っていって、青空教室をひらいたように、ささやかなものでした。できるところから歩《あゆ》みだしたのです。

貧しい人や病《やまい》の人のなかに神《かみ》を見、その人たちと出会うことは、神と出会うことだと、マザー・テレサは言っています。信仰《しんこう》に生きた人たちは、祈《いの》りつつ歩みました。苦しいときこそ、神や仏《ほとけ》を身近《みぢか》に感じていたことでしょう。

やがて、マザーの愛《あい》の行ないはさまざまな施設《しせつ》の形をとって、世界中からボランティアの人たちが集まってくる大きな愛の輪《わ》になっていきました。

それから、偉大《いだい》なことをなしとげた人のかげには、その人をささえる愛ふかい人がいることにわたしたちは気がつきます。たとえば、小学校を退学《たいがく》になったエジソンに勉強を教えたお母さんのように……。人はひとりで生きているのではなく、支《ささ》えあい、力を合わせて前進《ぜんしん》しているのです。

また、わたくしは、偉人《いじん》といわれる人たちの生涯《しょうがい》にせっして、肉体的ハンディキャップをもっている人が多いことに驚《おどろ》きました。三重苦《さんじゅうく》のヘレン・ケラーはもちろん、エジソンは難聴《なんちょう》でしたし、野口英世《のぐちひでよ》は火傷《やけど》をおっていました。しかし、欠点は欠点で終《お》わることなくむしろ、人に感動《かんどう》を与《あた》える生き方をする原動力《げんどうりょく》になっているのです。

みなさんの未来には、かぎりない可能性《かのうせい》がひらかれています。希望《きぼう》に胸《むね》をふくらませる日があるでしょう。そう思えない日もあるかもしれません。みなさんが、ひとりぼっちだと思う日も、自分は欠点だらけの人間だと落《お》ちこんでしまうときも、けっしてそうではないことをこの偉人たちの生涯から思い出してください。

この本が、あなたが愛《あい》と勇気《ゆうき》の翼《つばさ》を羽《は》ばたかせる一助《いちじょ》になりますように。

目次《もくじ》

第5章

新しいものを生みだす発想力《はっそうりょく》！

第1章

人を救《すく》う純粋《じゅんすい》な心

マザー・テレサ

光明皇后《こうみょうこうごう》

ナイチンゲール

澤田美喜《さわだみき》

カルカッタの聖女《せいじょ》

マザー・テレサ

――「貧《まず》しい人を癒《いや》すのは愛《あい》より他《ほか》にないのです」

マザー・テレサ

(1910～1997)

カルカッタの修道女《しゅうどうじょ》

マケドニアのスコピエに生まれる。本名《ほんみょう》はアグネス・ゴンジャ・ボワジュ。18歳《さい》のとき、アイルランドのロレット修道会《しゅうどうかい》に入り、修道女テレサとなる。インドへ派遣《はけん》される。カルカッタの貧《まず》しい人のたちのために働《はたら》き、マザー・テレサと呼ばれる。マザーが立ちあげた修道会《しゅうどうかい》『神《かみ》の愛《あい》の宣教者会《せんきょうしゃかい》』を中心として、次々と『孤児《こじ》の家』『死《し》を待つ人の家』、ハンセン病の人たちが治療《ちりょう》を受けて働《はたら》くことができる『平和の村』を作り活動を続ける。

1979年ノーベル平和賞受賞《じゅしょう》。その2年後に来日《らいにち》、貧《まず》しい人たちへの祈《いの》りを捧《ささ》げた。

マザー・テレサは、ノルウェーで開かれたノーベル平和賞受賞《じゅしょう》の式典《しきてん》であいさつをしました。

白いサリーを着た六十九歳《さい》の背中《せなか》は、年とともに丸く小さくなっています。

「私《わたし》は、みなさんが考えるような、受賞にふさわしい者ではありません。でも、世の中の、愛《あい》に飢《う》え、死にそうになっている貧《まず》しい人たちに代わって、賞をいただくことにしました。

私に晩餐会《ばんさんかい》はいりません。その費用《ひよう》を貧しい人のためにお使いください」

マザーのことばは、世界中の人に感動《かんどう》を与《あた》えました。

天啓《てんけい》

キリスト教の信仰深《しんこうぶか》い両親のもとで育ったテレサは、親《した》しくしていた神父《しんぷ》さまに、インドで貧《まず》しい人のために働《はたら》いているたくさんの宣教師《せんきょうし》たちがいることを聞いて以来、修道女《しゅうどうじょ》になってインドに行く日を心にあたためていました。

テレサが、生まれ故郷《こきょう》であるバルカン半島の中央に位置《いち》する古い都《みやこ》スコピエを離《はな》れ、アイルランドのロレット修道会《しゅうどうかい》へ旅立《たびだ》ったのは、十八歳《さい》のときでした。もう二度とふるさとへは帰らないかもしれません。数ヵ月後、修道女テレサとしてインドへ渡《わた》りました。

インドのカルカッタでは、ロレット修道会が経営《けいえい》する聖《せい》マリア高等学校で、地理を教えました。あたたかく、ユーモアあふれるテレサは、人望《じんぼう》があつく校長にまでなりました。

しかし、テレサの心は満《み》たされませんでした。

そのころインドは、ヒンズー教を信じるインドと、イスラム教を信じるパキスタンに分かれて独立《どくりつ》しました。独立の戦《たたか》いのために、家を失《うしな》った難民《なんみん》がカルカッタに流れてきます。カースト制度《せいど》でもっとも身分《みぶん》の低《ひく》い人たちと難民が、路上《ろじょう》で生活していました。テレサのいる学校の窓《まど》から、塀《へい》の外の路上に住《す》みついた貧《まず》しい人たちが見えるのでした。

ダージリンの修道会《しゅうどうかい》に行くために、テレサは夜行《やこう》列車に乗っていました。

そのときです。内なる神《かみ》の声を聞いたのは。

『貧《まず》しい人たちに仕《つか》えよ。もっとも貧しい人たちのなかにキリストを見よ』

テレサは神の声にしたがいました。
三十六歳《さい》でした。それから二年……。

神《かみ》の愛《あい》を伝える

一九四八年、白いサリーに身を包《つつ》み、貧民《ひんみん》街《がい》の空《あ》き地《ち》で子どもたちに読み書きを教えるテレサの姿《すがた》がありました。テレサがはじめて青空学校を開いた日、五人の子どもたちがやってきました。翌日《よくじつ》、その子どもたちは友だちを連れてきて、生徒《せいと》は二十人に増《ふ》えていました。一週間目には、子どもの数は百人になっていました。

かつてはテレサの教え子だったシスターた

ちが、テレサを手伝うために集まってきました。お金を寄付《きふ》する人も現《あら》われました。

やがて、テレサと十人のシスターたちの共同体《きょうどうたい》は、『神《かみ》の愛《あい》の宣教者会《せんきょうしゃかい》』という名の修《しゅう》道会《どうかい》に発展《はってん》し、テレサはマザー・テレサと呼ばれるようになりました。若い神学生《しんがくせい》もたずねてきて力仕事を手伝い、男子修道会もできました。

マザーとシスターたちの活動は、青空学校にとどまりません。シュシュ・ババンと呼ばれる『孤児《こじ》の家』や、病気や栄養失調《えいようしっちょう》で道ばたに倒《たお》れている瀕死《ひんし》の人を収容《しゅうよう》して、手厚《てあつ》く看《かん》護《ご》する『死《し》を待つ人の家』もつくられました。

マザーが、その『死を待つ人の家』をおとずれると、死にかけた人たちが、あちらこちらから「マザー、マザー」と、まるで自分のお母さんを呼ぶようにマザーを求めます。そして、マザーの手をにぎり、残《のこ》された力のすべてをふりしぼって、「ありがとう……」のことばを残して息を引きとっていくのです。

パキスタン独立後《どくりつご》も西パキスタンと東パキスタンの争《あらそ》いが続き、一九七一年、東パキスタンがバングラデシュと名のり独立宣言《せんげん》をしました。内乱《ないらん》が続き、路上《ろじょう》の貧《まず》しい人たちの姿《すがた》が少なくなることはありませんでした。そのころ日本では、高度経済成長《けいざいせいちょう》を経《へ》て、沖縄《おきなわ》が復《ふっ》帰《き》し、公害《こうがい》問題が大きく取りざたされていました。

宝《たから》クジのアイデア

一九六四年、ローマ法王《ほうおう》がインドを訪問《ほうもん》されたおり、法王はマザーをはげまし、法王自身が乗っていた純白《じゅんぱく》の高級車リンカーン・コンチネンタルをマザーにプレゼントしました。

マザーにアイデアがひらめきました。

「宝クジをやりましょう！　ハンセン病患者《かんじゃ》の村をつくるために、あの自動車を賞品《しょうひん》にして宝クジを売るのです」

シスターたちもこのマザーのアイデアの素晴《すば》らしさに顔を輝《かがや》かせました。

ハンセン病患者の『平和の村』建設《けんせつ》のために、法王から贈《おく》られた車を賞品にして寄付金《きふきん》百ルピー（三千円）以上という宝クジを五千枚《まい》売れば、五十万ルピー（一千五百万円）以上集まると考えたのです。知事《ちじ》に許可《きょか》をもらって、宝クジが売りだされると、またたく間《ま》に資金《しきん》は集まりました。カルカッタの北約二百キロのところにハンセン病患者《かんじゃ》の理想《りそう》の村ができあがりました。ここでも家族から見放《みはな》された人々が、自分にできる仕事をしながら明るく生きています。

カルカッタには、約四十万人の路上《ろじょう》生活者がいるといわれています。その中にマザーのともした愛《あい》の火は、確実《かくじつ》に光の輪《わ》を広げ、人々は忘《わす》れていた笑顔《えがお》をとりもどしました。『神《かみ》の愛《あい》の宣教者会《せんきょうしゃかい》』の活動は、ニューヨークやローマのスラム街《がい》にもおよび、二千人以上《いじょう》のシスターたちが世界中で働《はたら》いています。

マザーは言います。

「この世《よ》の中で本当に貧《まず》しく不幸なことは、お金がないことでも、住む家がないことでも、病気であることでもありません。自分がこの世に必要《ひつよう》とされていないと思うことです。人間は神の子です。この世に生をうけたすべての人は、なにか人の役に立つ使命《しめい》をもって生まれてきました。一人ひとりが、神さまの命《いのち》とつながっているのです」

また、「貧《まず》しく苦しんでいる人は、カルカッタばかりでなく、日本にもいます。どうぞみなさん、その人たちの孤独《こどく》の痛《いた》みを思いやってください。貧しい人を癒《いや》す薬は〝愛《あい》〟よりほかにないのですから」と。

悲田院《ひでんいん》・施薬院《せやくいん》をつくり、民衆《みんしゅう》を救《すく》った

光明皇后《こうみょうこうごう》

——わけへだてなく慈《いつく》しむ

法華寺《ほっけじ》の十一面観音《かんのん》

奈良《なら》の法華寺をおとずれると、十一面観音のお姿《すがた》を拝《はい》することができます。

一メートルばかりの観音像は、ゆたかな髪《かみ》が肩《かた》にかかり、右腕《みぎうで》はのびのびと長く、膝《ひざ》の下で衣《ころも》をわずかにたくしあげています。悩《なや》み苦しんでいる人がいれば、どこへでもとんでいって救《すく》いの手を差《さ》しのべられるお姿をあらわしているようです。

この、慈悲《じひ》のまなざしをあまねく注《そそ》ぎ、衆生《しゅじょう》（すべての生きもの）を導《みちび》く十一面観音《かんのん》は、

光明皇后（こうみょう・こうごう）

（７０１～７６０）

聖武天皇《しょうむてんのう》の皇后《こうごう》

藤原不比等《ふじわらのふひと》の第三女。母は橘三千代《たちばなのみちよ》。夫の首皇子《おびとおうじ》（聖武天皇《しょうむてんのう》）は同じ歳《とし》の甥《おい》にあたる。

７１８年に阿部内親王《あべのないしんのう》、７２７年に基《もとい》親王が生まれる。基親王はすぐに皇太子《こうたいし》に立てられたが病死。長屋王《ながやおう》の変をへて立后《りっこう》、皇后宮職《こうごうきゅうしょく》を設置《せっち》し、政治《せいじ》に力を及《およ》ぼした。

７３８年、阿部内親王《あべのないしんのう》が皇太子《こうたいし》になる。７４９年、聖武天皇《しょうむてんのう》が退《しりぞ》き、阿部内親王が孝謙天皇《こうけんてんのう》になると、光明皇后《こうみょうこうごう》がほぼ政治《せいじ》の実権《じつけん》をにぎった。

７５６年、聖武天皇崩御《しょうむてんのうほうぎょ》。奈良市法蓮《ほうれん》町に聖武天皇陵《りょう》と隣接《りんせつ》して光明皇后陵がある。

聖武天皇《しょうむてんのう》の妃《きさき》、光明皇后《こうみょうこうごう》のお姿《すがた》を写《うつ》したものと伝えられているのは、皇后の信仰《しんこう》を物語っているのでしょうか。

紀元《きげん》七〇一年、大宝律令《たいほうりつりょう》が制定《せいてい》されるとともに、日本に初《はじ》めて尺貫法《しゃっかんほう》がとりいれられました。光明皇后は、その同じ年、律令制定で活躍《かつやく》した、ときの右大臣藤原不比等《うだいじんふじわらのふひと》と、深く仏教を信仰《しんこう》した母・橘三千代《たちばなのみちよ》との間に生まれました。幼名《ようみょう》（幼《おさな》いときの名前）を安宿媛《あすかべひめ》といいます。また、幼いころから賢《かしこ》く、光輝《かがや》くように美《うつく》しかったので光明子《こうみょうし》と呼《よ》ばれました。

光明子が六歳《さい》のとき、乳母《うば》や数人のお伴《とも》たちと市場へ行き、商人たちに物差《ものさ》しの使い方を教えたことが記録《きろく》されています。市場の人々はおどろき、感心して光明子をたたえました。

「もし、あなたが天皇にお仕《つか》えして、よい風俗《ふうぞく》や習慣《しゅうかん》を述《の》べ伝《つた》えてくださったら、度量衡《どりょうこう》（長さと面積《めんせき》と重さを計る単位《たんい》）はまたたく間《ま》に世間《せけん》に行きわたり、天下《てんか》は治《おさ》まるでしょう」

『今昔《こんじゃく》物語集』に、虫がとても好きな姫君《ひめぎみ》の話がありますが、小さいころから物差しに興《きょう》味《み》を持ち、使い方を知っていた光明子は、数字を愛《め》でる姫君というところでしょうか。

慈《いつく》しみを形にする

光明子《こうみょうし》は数え年十六歳《さい》で、同じ歳《とし》の首皇子《おびとおうじ》の妃《きさき》になりました。皇族《こうぞく》以外で皇后《こうごう》になったはじめての人でした。

七二四年二十四歳のとき、皇子《おうじ》は聖武天皇《しょうむてんのう》となられました。天皇は、聡明《そうめい》で美《うつく》しく心の優《やさ》しい光明皇后《こうみょうこうごう》のいうことは、なんでもお聞きいれになりました。やがて皇后は、天皇を助けて大きな力となっていくのです。

そのころ、唐《とう》の文化を積極的《せっきょくてき》にとりいれた都《みやこ》の華《はな》やかな生活の陰《かげ》で、農民は重税《じゅうぜい》と天災《てんさい》と飢饉《ききん》（不作で食物が不足し、人々が飢《う》えに苦しむこと）にあえいでいました。疫病《えきびょう》の流行《りゅうこう》は、貴族《きぞく》や農民の区別《くべつ》なく多くの人の生命《せいめい》を奪《うば》っていました。天然痘《てんねんとう》が大流行し、皇后の四人の兄たちもあいついで亡《な》くなりました。

民衆《みんしゅう》の間では、行基《ぎょうき》という僧《そう》が仏《ほとけ》の教えを広めるかたわら、農民のために灌漑《かんがい》用水を掘《ほ》り、道をつくり、橋をかける事業をすすめ、尊敬《そんけい》を集めていました。

母・橘三千代《たちばなのみちよ》の仏教信仰《ぶっきょうしんこう》は皇后《こうごう》に受けつがれていました。貧困《ひんこん》や疫病《えきびょう》による社会不安が高まるさなか、貧《まず》しい人に薬《くすり》を与《あた》える施薬院《せやくいん》と、孤児《こじ》を育てる悲田院《ひでんいん》をつくり、みずから治療《ちりょう》にもあたられたのは、皇后《こうごう》の慈悲心《じひしん》のあらわれでしょう。皇后三十歳《さい》のときです。

このように、民衆《みんしゅう》に救《すく》いの手を差《さ》しのべられた皇后には、次のような言《い》い伝《つた》えも残《のこ》っています。

ある日、皇后の枕元《まくらもと》に仏《ほとけ》さまがあらわれ、

『浴場《よくじょう》をつくり、千人の貧しい者を洗《あら》いなさい』

と告げました。

皇后《こうごう》はさっそく浴場をつくり、病人も乞食《こじき》もわけへだてなく、洗ってやりました。

そして満願《まんがん》の千人目に来たのは、目をおおいたくなるような皮膚《ひふ》の腐《くさ》りおちたライ病（現《げん》在《ざい》のハンセン病）の老人《ろうじん》でした。あまりのむごい病人の姿《すがた》に、さすがの皇后も「あっ」、と息をのみました。体中から吹《ふ》きだすウミは、すさまじい臭気《しゅうき》を放《はな》っています。

皇后は勇気《ゆうき》をふるい、優《やさ》しくていねいに老人を洗いました。すると老人は、

「お噂《うわさ》を聞いてまいりました。……仏《ほとけ》のようなお慈悲《じひ》を持った方にウミを吸《す》ってもらえば、病《やまい》が治ると薬師《くすし》（医師《いし》）が申《もう》します。どうか、わたしの体中のウミを吸いとってください」

皇后《こうごう》はおそれず、老人《ろうじん》のウミを吸《す》い浄《きよ》めました。

すると、たちまち浴室《よくしつ》はまばゆい光に満《み》ち、ライ病の老人は、阿閦仏《あしゅくぶつ》に姿《すがた》を変えたのです。皇后はもとより、あたりにいた人たちは、ひれふし礼拝《らいはい》しました。ふたたび皆《みな》があおぎ見たときは、老人の姿も阿閦仏《あしゅくぶつ》の姿もなかったということです。浴室には、明るい光と

芳《かんば》しい香《かお》りが残《のこ》っていました。皇后《こうごう》はこの地を記念して、阿閦寺《あしゅくじ》を建《た》てました。

鎮護《ちんご》国家の祈《いの》り

皇后《こうごう》のすすめで聖武天皇《しょうむてんのう》は、世の中の平安を祈《いの》り、仏教をひろめるために、七四一年、全国に国分寺《こくぶんじ》と、国分尼寺《こくぶんにじ》を建《た》てる詔《みことのり》（天皇のお言葉）を出されました。

こうして、国分寺を代表する奈良《なら》の東大寺《とうだいじ》には、天下の富《とみ》と人々の力を集め、多くの困《こん》難《なん》を乗りこえ、高さ約十五メートルもある金《こん》銅《どう》の毘盧舎那仏《びるしゃなぶつ》がつくられました。

仏教は国をまもる教えであるととらえられ

ていました。また、大仏建立《だいぶつこんりゅう》には、民衆《みんしゅう》が仏《ほとけ》の慈悲《じひ》に救《すく》われるようにという願《ねが》いがこめられていました。朝廷《ちょうてい》は、行基《ぎょうき》に布教《ふきょう》を禁止《きんし》したいきさつがありましたが、この事業にあたり、聖武天皇《しょうむてんのう》は行基に協力を求めました。貴族《きぞく》の仏教と民衆の仏教がおおきく交わった出来事でした。

毘盧舎那仏《びるしゃなぶつ》を安置《あんち》する大仏殿《だいぶつでん》の高さは、約四十八メートルあります。現在《げんざい》でも日本一の大仏と、世界一大きな木造建築《もくぞうけんちく》です。

七五二年、皇女《こうじょ》に位《くらい》をゆずった聖武上皇《しょうむじょうこう》と光明皇后《こうみょうこうごう》が見まもるなか、盛大《せいだい》な開眼会《かいげんえ》がおこなわれました。輝《かがや》く大仏の前で日本の舞楽《ぶがく》だけでなく、唐《とう》や高句麗《こうくり》、東南アジアの舞《ま》いや音楽が披露《ひろう》されました。

聖武上皇の死後、光明皇后はその愛用品《あいようひん》を東大寺に献納《けんのう》しました。正倉院《しょうそういん》に残《のこ》された宝《たから》物《もの》は、いまに天平《てんぴょう》の文化を伝えています。日本に残《のこ》る世界に冠《かん》たる天平の文化は、聖武天皇と光明皇后によって、創《つく》りだされたといってもよいでしょう。

光明皇后は、聖武天皇に遅《おく》れること四年、六十歳で亡《な》くなりました。

近代看護《かんご》の礎《いしずえ》をきずいた
ナイチンゲール
――信念《しんねん》と秩序《ちつじょ》と奉仕《ほうし》が病院をかえた

フローレンス・ナイチンゲール

(1820〜1910)

イギリスの看護婦《かんごふ》・病院改革者《かいかくしゃ》

両親がイタリアのフィレンツェ(フローレンス)に滞在中《たいざいちゅう》に生まれる。25歳《さい》のときに、ハーバード軍事大臣《ぐんじだいじん》と出会い、一生を通じて支援《しえん》を受け、病院改革《かいかく》、衛生思想《えいせいしそう》の普及《ふきゅう》活動を続けた。

1854年のクリミア戦争では、「トルコにおけるイギリス陸軍病院看護婦総監督《かんごふそうかんとく》」として戦地《せんち》におもむく。〝ランプをもつレディ〟と呼ばれる。

その後、軍関係者などから寄《よ》せられた「ナイチンゲール基金《ききん》」をもとに看護《かんご》学校を創設《そうせつ》し、看護婦を専門職《せんもんしょく》として確立《かくりつ》。90歳《さい》で静かに生涯《しょうがい》を閉《と》じた。

一生の仕事

裕福《ゆうふく》で由緒《ゆいしょ》ある家柄《いえがら》のナイチンゲール家《け》では、社交《しゃこう》パーティーのくりかえしで、月日はむなしくめぐっていく……。夏の夜、晩餐会《ばんさんかい》で、美《うつく》しく着飾《きかざ》ったフローレンス・ナイチンゲールは二十四歳《さい》、優雅《ゆうが》な物腰《ものごし》や話し方からしても、立派《りっぱ》なレディです。フローレンスは、アメリカ人医師《いし》で社会事業家のサミュエル・ハウ博士《はかせ》にそっと近づいていきました。

フローレンスは、博士をバルコニーの方へいざないながら、それまで胸《むね》に秘《ひ》めていたことを話しました。

「ドクター・ハウ。もし私《わたし》が、看護婦《かんごふ》の仕事に一生を捧《ささ》げようと考えているとしたら、それはとんでもないことでしょうか？」

「それは、すばらしいことだと思いますよ。人につくす仕事が、どうしてレディにふさわしくないのですか。あなたの思った通りにしてごらんなさい」

フローレンスは、百万人の味方を得《え》たように思いました。看護婦の仕事をすばらしいと言ってくれる理解者に出会えたのです。心地《ここち》よい夜風《よかぜ》が、ほてった頬《ほお》をなでてゆきました。


信仰深《しんこうぶか》いフローレンスは、十七歳《さい》のときに『私《わたし》に仕《つか》えよ』という神の声を聞いてから、神さまのみ心にかなう仕事を真剣《しんけん》に求めていました。

十九世紀のイギリスでは、恵《めぐ》まれた家庭の主婦《しゅふ》が、貧《まず》しい病人の世話《せわ》をする奉仕《ほうし》活動の習《しゅう》慣《かん》がありました。フローレンスは、小さいころから、母親について病人の家をたずねていましたが、そのときが一番いきいきとするのです。彼女は、いつしか、病人の看護《かんご》をすることが、(神さまが私《わたし》にお与《あた》えになった仕事にちがいない)と信じるようになりました。

ところが、当時、病院は看取《みと》る家族のいない人が収容《しゅうよう》されているような所でした。そこで働《はたら》く看護婦《かんごふ》はだらしがなく、ただお金のためにだけ病人のつきそいをしている、といった状態《じょうたい》だったのです。

家族は、フローレンスの希望に猛《もう》反対です。しかし、二人の男性の求婚《きゅうこん》も断《こと》わり、フローレンスは看護婦への道を選びました。

ドイツのカイゼルスベルト学園で、看護の理論《りろん》と実際《じっさい》を学び、やがて、ロンドンの病院で、看護婦監督《かんとく》として働《はたら》きだしたのが、三十三歳のときです。長い長い道のりでした。

クリミア戦争へ

「いまこそ、神に仕《つか》えるときがきたのだわ」

一八五四年十月九日、新聞を手にしたフローレンスの胸《むね》は高なりました。クリミア半島の戦地《せんち》で、二千人ものイギリス軍兵士《ぐんへいし》が負傷《ふしょう》や病気で苦しみながら、手当《てあて》も受けられずにいる

と、新聞は伝えていたのです。
同月十四日、フローレンスはハーバード軍《ぐん》事大臣夫人《じだいじんふじん》に手紙を書きました。夫妻《ふさい》はフローレンスのよき理解者だったのです。
《看護婦《かんごふ》を連《つ》れてクリミアにまいります。かならずお役に立てると思います》
時を同じくして、ハーバード軍事大臣もフローレンスに手紙を書いていました。
《イギリスは近く看護婦団をクリミアに送る予定です。看護婦団の監督《かんとく》はあなたをおいて他にありません。やっていただけますね》
同月二十一日朝、フローレンスはよりすぐった三十八人の看護婦たちとともに出発しま

した。彼女が戦地《せんち》のスクタリの病院で見たものは、冷たい床《ゆか》の上に転《ころ》がされ、死《し》ぬのを待っているおびただしい数の兵士《へいし》たちでした。

まず、シーツを調達《ちょうたつ》し、下着《したぎ》や枕《まくら》や包帯《ほうたい》をつくり、床をみがき、環境《かんきょう》をととのえました。その仕事ぶりを見た軍医たちは、看護《かんご》婦団《ふだん》を信頼《しんらい》して、治療《ちりょう》の指示《しじ》を与《あた》えるようになりました。

　フローレンスは、重症《じゅうしょう》の患者《かんじゃ》に気を配《くば》り、大手術《だいしゅじゅつ》にはかならずつきそい、息を引きとる兵士のそばにいました。

　毎夜《まいよ》、フローレンスは、病院中をひとまわりしました。そして、ランプをかざして一人ひとりのようすを確《たし》かめます。大きな病院は、六キロにわたってベッドが続いています。

兵士《へいし》たちは、いつしかフローレンスを〝ランプをもつレディ〟と呼び、その影《かげ》に接吻《せっぷん》して敬意《けいい》を表《ひょう》す者もでてきました。新聞報道《ほうどう》や兵士たちの手紙により、〝ランプをもつレディ〟はイギリス本国《ほんごく》でも有名になりました。

フローレンスがおこなったのは、看護《かんご》だけではありません。病院内に図書館や、リクリエーションセンターをつくり、兵士が家族に送金《そうきん》する窓口《まどぐち》まで設《もう》けました。病院は清潔《せいけつ》で、秩《ち》序《じょ》正しく変わりました。《まるで教会のように清《きよ》らかだ》と便《たよ》りを書いた兵士もいます。

実際《じっさい》に兵士たちの死亡率《しぼうりつ》は、いちじるしく低《ひく》くなっていました。

信念《しんねん》と秩序《ちつじょ》と奉仕《ほうし》が病院をかえたのです。

帰国後《きこくご》のフローレンスは、クリミアで熱病にかかり、一時は命《いのち》があやぶまれた体を病床《びょうしょう》に横たえながら、『看護覚え書《かんごおぼがき》』をはじめとしたおびただしい研究報告書《けんきゅうほうこくしょ》を著《あらわ》しました。

そのなかで、《ほとんどの患者《かんじゃ》が自然の光のほうに顔を向《む》けて横たわっているのは、ちょっと不思議《ふしぎ》な光景で、ちょうど植物が光のほうに向かって伸びるのとそっくりである》と述《の》べています。看護は、けがや病気の手当てだけでなく、光や空気の流れなどの環境《かんきょう》を整《ととの》え、食事を適切《てきせつ》に管理《かんり》し、自然治癒力《ちゆりょく》を助けてゆくことだといいます。『看護覚え書《かんごおぼえがき》』は家庭の母親にも役立つように書かれました。

〝病気の看護ではない。病人の看護である〟と、看護の本質《ほんしつ》を示《しめ》しています。

フローレンスは、病院の施設《しせつ》・設備《せつび》、患者《かんじゃ》とその治療《ちりょう》に関することなど、あらゆることをデータ化し、病院を改善《かいぜん》した統計学《とうけいがく》のパイオニアでもありました。

死後《しご》、フローレンス・ナイチンゲールの功績《こうせき》を記念して、ナイチンゲール記章《きしょう》が制定《せいてい》されました。世界各国の優秀《ゆうしゅう》な看護婦に与《あた》えられるこの章は、看護婦最高の栄誉《えいよ》とされています。

人種差別《じんしゅさべつ》をこえて混血児《こんけつじ》たちを育てた

澤田美喜《さわだみき》

――祈《いの》りに導《みちび》かれて

黒い肌《はだ》の赤ちゃん

ガタン、と列車が大きくゆれました。網棚《あみだな》から、紫《むらさき》色の風呂敷《ふろしき》づつみが澤田美喜《さわだみき》の手元《てもと》に落ちてきました。昭和二十年八月に太平洋戦争が終結《しゅうけつ》し、その翌年《よくねん》、美喜は京都《きょうと》にいる息子《むすこ》に会いに行くため、混雑《こんざつ》した汽車《きしゃ》に乗っていました。持ち主のわからない包《つつ》みを、網棚にもどそうとしていると、車内をまわっていた闇物資摘発《やみぶっしてきはつ》の警官《けいかん》が近づいてきました。

「包《つつ》みを開けろ」

> **澤田美喜（さわだ・みき）**
> **（1901～1980）**
> **社会事業家《しゃかいじぎょうか》**
>
> 東京本郷《ほんごう》に三菱財閥《みつびしざいばつ》の岩崎久弥《いわさきひさや》の長女として生まれる。1922年外交官《がいこうかん》の澤田廉三《さわだれんぞう》と結婚《けっこん》、海外で過《す》ごす。戦後、混血児《こんけつじ》たちのためのエリザベス・サンダース・ホームを設立《せつりつ》、同じ敷地《しきち》内に聖《せい》ステパノ学園を併設《へいせつ》し、キリスト教精神《せいしん》にもとづく小中学校教育を行なう。孤児《こじ》たちに「ママちゃま」と慕《した》われる。スペインのマジョルカ島《とう》で客死《きゃくし》。
>
> 神奈川県大磯《かながわけんおおいそ》の澤田美喜《さわだみき》記念館は、1階《かい》は美喜が収集《しゅうしゅう》した隠《かく》れキリシタンの遺物《いぶつ》の展示室《てんじしつ》、2階が礼拝堂《れいはいどう》になっており、美喜の信仰《しんこう》をしのばせる。

包みは、二十枚《まい》以上の新聞紙にくるまれた黒い肌《はだ》の赤ちゃんの死体でした。あきらかにアメリカ兵と日本人女性の間に生まれた子です。美喜《みき》がその子の母親だと思われてしまい、目《もく》撃者《げきしゃ》の証言《しょうげん》でようやく誤解《ごかい》が解《と》けました。

そのとき美喜は、神の声を聞いたのです。

『おまえが、たとえいっときでもこの子の母とされたのなら、なぜ、日本国中のこうした子どもの母になってやれないのか……』

この出来事に遭遇《そうぐう》するまでのわずかな間に、美喜の目を射抜《いぬ》いた光景がありました。歌舞伎座《かぶきざ》の裏通《うらどお》りに捨《す》てられた白い肌《はだ》の赤ちゃん……。横浜の田中橋ちかくのドブ川に捨《す》てられた包《つつ》みの中の赤ちゃん……。美喜は神の導《みちび》きを感じました。

三菱財閥《みつびしざいばつ》の創業者《そうぎょうしゃ》・岩崎弥太郎《いわさきやたろう》の孫娘《まごむすめ》としてなに不自由なく育ち、外交官《がいこうかん》の澤田廉三《さわだれんぞう》と結婚《けっこん》して、世界各国で暮《く》らしていた美喜の胸《むね》に、奉仕《ほうし》活動をしたイギリスの明るく清《きよ》らかな孤児院《こじいん》のようすが、浮《う》かんできました。神の声とともに、後半生《こうはんせい》のすべてを賭《か》けて、混血児《こんけつじ》を育てるという仕事が与《あた》えられた直感に魂《たましい》がふるえました。旅《たび》を終《お》えて東京に帰ると、三

日間瞑想《めいそう》し、七日間祈《いの》りつづけました。そして、決心したのです。

「この仕事のやり遂《と》げられる最後《さいご》まで、神、われとともにいませ……」

四十六歳《さい》の秋の日は、静かに暮《く》れていきました。

エリザベス・サンダース・ホーム誕生《たんじょう》

政府《せいふ》に没収《ぼっしゅう》された神奈川県大磯《かながわけんおおいそ》の岩崎家別荘《べっそう》を買いもどし、混血《こんけつ》の孤児《こじ》たちの住む家にあてました。施設《しせつ》は、生涯《しょうがい》かかってためた百七十ドルを、最初《さいしょ》に寄付《きふ》してくれたイギ

リス婦人《ふじん》の名にちなんで、『エリザベス・サンダース・ホーム』と名付《なづ》けられました。

「敵《てき》の子を世話するなんて……」といって、美喜《みき》や混血の子どもたちを白い目で見る人がほとんどでした。子どもたちを連《つ》れて外へ出ると、町の悪童《あくどう》たちが「親なしっ子！　パンパン（売春婦《ばいしゅんふ》）の子」と汚《きたな》いことばを投げつけてきます。

珍《めずら》しそうにじろじろながめ、ちぢれた髪《かみ》を引っぱるおとなもいました。

美喜は、泣《な》きそうになってうつむく子どもたちに向かっていいました。

「顔をあげなさい。顔をあげて歩きなさい」

差別《さべつ》のない国ブラジルへ

ホームの子どもたちが成長すると、美喜《みき》は私財《しざい》をなげうって、豊《ゆた》かな自然に恵《めぐ》まれ人種差《じんしゅさ》別《べつ》のない国ブラジルに、青年たちが永住《えいじゅう》するための土地を買い求めました。そして、一般《いっぱん》から公募《こうぼ》した、六名の専門職《せんもんしょく》を身につけたクリスチャンの先発隊《せんぱつたい》が、ブラジルのトメアスに入植《にゅうしょく》。農場開拓《かいたく》の事業はいよいよスタートしました。ついで、ホームの青年たちから希望者をつのり、二年の間、農場で実習をかさね、日本と交信するためのモールス信号なども覚《おぼ》えて、六人が出発することになりました。

一九六五年七月二日、出港《しゅっこう》の朝、美喜と青年たちは、ホームの中にある礼拝堂《れいはいどう》に集まり、感謝《かんしゃ》の祈《いの》りを捧《ささ》げました。美喜はなにか強い力に護《まも》られていることを感じていました。

十七日、メキシコにさしかかったとき、美喜は船長から一通の電報《でんぽう》を渡《わた》されました。《澤田一行のブラジル上陸《じょうりく》を許《ゆる》さず　ロサンゼルス・ブラジル総領事《そうりょうじ》》

美喜は息がつまる思いでした。電報は十六日付《づ》けで、船長宛《あ》てになっています。その日、船はロサンゼルスに停泊《ていはく》していたのです。なのにわざわざなぜ……？

日本を出港するときも、モールス信号のことでスパイあつかいされる妨害《ぼうがい》があったのです。美喜《みき》は青年たちに知らせないようにして、各国の知人に電報でこの事態《じたい》をうったえました。

そして夜、デッキに出て一人、南十字星《みなみじゅうじせい》の輝《かがや》きはじめる夜明けまで祈《いの》りました。

日本からの連絡《れんらく》で、調査《ちょうさ》の結果《けっか》ニセの電報だと解《わか》り、この事件は落着《らくちゃく》したのですが、思いがけなくパナマ運河《うんが》で、電報を受けとった親友のパール・バック（ノーベル賞受賞《じゅしょう》女流作家）の秘書《ひしょ》が待っていました。《ブラジルが入国を拒否《きょひ》するなら、自分が青年たちをアメリカ見物に招待《しょうたい》する》というパールからの手紙を持っていました。美喜はパールの友情に感《かん》謝《しゃ》しつつ、秘書に別れを告《つ》げました。

八月五日、一行《いっこう》はアマゾン川をのぼり、トラックに乗り、赤土《あかつち》をかぶり、美《うつく》しい蝶々《ちょうちょう》に目をみはり、鳥の声に胸《むね》おどらせながら、トメアスの農場に着きました。

先発隊《せんぱつたい》があたたかくむかえてくれました。

黒人歌手の友情

戦前から美喜《みき》と親《した》しくしていた世界的な黒人歌手ジョセフィン・ベーカーがパリから大磯《おおいそ》をたずねてきました。人種差別《じんしゅさべつ》と戦《たたか》っているジョセフィンは、エリザベス・サンダース・ホームのために、全国各地をまわってチャリティコンサートを開きました。しかも、ホームの子ども二人を養子《ようし》にして帰国《きこく》しました。

美喜は混血児《こんけつじ》に対する偏見《へんけん》と戦《たたか》いながら、困難《こんなん》な道を歩きつづけました。くじけそうになるたびに、「神さま、私《わたし》の行く道をお示《しめ》しください」と祈《いの》りながら……。

美喜は祈りの部屋にはいって何時間も祈りを捧《ささ》げることがありました。十字架《じゅうじか》を握《にぎ》りしめて汗《あせ》をかいて祈りました。そうして部屋から出てきたときは、迷《まよ》いのない明るい表情になっていました。

一九八〇年、旅先のスペインで七十八歳で亡《な》くなるまでの三十年間に、約二千人の子どもたちを育てました。現在《げんざい》、ホーム内の丘《おか》の上には、太平洋をのぞむ船の形のチャペルが建《た》ち、チャペルは澤田美喜《さわだみき》の祈《いの》りの心で満《み》ちています。

第2章

勇気《ゆうき》ある行動が世界をかえる

吉田松陰《よしだしょういん》

西郷隆盛《さいごうたかもり》

ジョン・F・ケネディ

鑑真《がんじん》

松下村塾《しょうかそんじゅく》を開いた

吉田松陰《よしだしょういん》

――「学問でたいせつなのは志《こころざし》です」

吉田松陰（よしだ・しょういん）

（1830～1859）

幕末《ばくまつ》の思想家《しそうか》・教育者《きょういくしゃ》

長州藩士《ちょうしゅうはんし》。5歳《さい》で吉田家の後を継《つ》ぐため養子《ようし》となる。玉木文之進《たまきぶんのしん》に兵学《へいがく》の教育を受ける。11歳で藩主毛利敬親《はんしゅもうりたかちか》に『武教全書《ぶきょうぜんしょ》』の講義《こうぎ》をしたという。

22歳で上京《じょうきょう》、佐久間象山《さくましょうざん》に師事《しじ》する。関所手形《せきしょてがた》を持たずに東北旅行をして藩籍《はんせき》を失《うしな》った。

1853年ペリー来航《らいこう》。翌年再度《よくとしさいど》来航したペリーの軍《ぐん》艦《かん》に同行を求めたが、拒絶《きょぜつ》される。この罪《つみ》によって投獄《とうごく》される。出獄《しゅつごく》後、杉家《すぎけ》に幽閉《ゆうへい》される。

1856年、杉家邸内《ていない》に松下村塾《しょうかそんじゅく》を開く。

安政《あんせい》の大獄《たいごく》によって処刑《しょけい》される。

わが身《み》も忘《わす》れて

「火事だッ」松陰《しょういん》は、とび起きました。炎《ほのお》はすでに、隣家《りんか》までせまっているのか、雨戸《あまど》のすきまを赤くそめています。松陰は寝《ね》まきのまま、寄宿先《きしゅくさき》の萩城下《はぎじょうか》の兵学者《へいがくしゃ》・林真人《はやしまひと》の家の書物《しょもつ》や掛《か》け軸《じく》、家財《かざい》道具を表に運びだしては家にとびこみ、たち働《はたら》きました。ついに火は林家《はやしけ》に燃《も》えうつりました。気がついてみると、身ひとつで自分のものは持ちださず、着ているものも焼《や》けただれて、ボロボロでした。松陰、十七歳《さい》の春のことです。

長州藩《ちょうしゅうはん》（現在の山口県）萩《はぎ》の松本村の下級武士《ぶし》、杉百合之助《すぎゆりのすけ》の二男《じなん》として生まれ、吉田家に養子《ようし》にいった松陰《しょういん》は、幼名《ようみょう》を虎之助《とらのすけ》といいました。

叔父《おじ》の玉木文之進《たまきぶんのしん》のもとで兵学《へいがく》を学び、十九歳《さい》で藩《はん》の山鹿流《やまがりゅう》軍学師範《ぐんがくしはん》となりましたが、より見聞《けんぶん》をひろめるため九州に遊学《ゆうがく》しました。

そのころ、イギリスで起こった産業革命《かくめい》がヨーロッパにひろがり、各国が市場を求め、海外に進出するようになっていました。

平戸《ひらど》（長崎県）滞在中《たいざいちゅう》に、一八四〇年、中国で起こったアヘン戦争関係の記事を集めた『阿芙容彙聞《あへんいぶん》』をはじめ約八十冊《さつ》の本を読破《どくは》。松陰の目が大きく海外にむけて見開かれました。イギリスが密輸出《みつゆしゅつ》したアヘンは、中毒者《ちゅうどくしゃ》や犯罪者《はんざいしゃ》をふやし、中国を混乱《こんらん》におとしいれていました。中国はアヘンの取締《とりしま》りに失敗《しっぱい》し、イギリスのすぐれた武力《ぶりょく》の前に植民地のような状態《じょうたい》になっていたのです。

「日本を外国の侵略《しんりゃく》から守り、発展《はってん》させるにはどうしたらいいのか。もっと、世界のことを知りたい」

松陰《しょういん》はせまりくる危機《きき》を感じ、矢《や》も盾《たて》もたまらなくなりました。

獄《ごく》につながれても

一八五四年三月、ペリーが二度目の来日《らいにち》をして、日米和親条約《にちべいわしんじょうやく》を結《むす》びました。三月二十七日の夜、闇《やみ》にまぎれて下田《しもだ》（静岡県）港《こう》内《ない》に停泊《ていはく》しているアメリカ軍艦《ぐんかん》をめざす、一艘《そう》の小舟《こぶね》がありました。

二十五歳《さい》の吉田松陰《よしだしょういん》と、ひとつ年下の金《かね》子重之助《こじゅうのすけ》です。江戸《えど》に留学《りゅうがく》し、佐久間象山《さくましょうざん》の教えをうけ、ヨーロッパの学問や兵術《へいじゅつ》を学んだ松陰は、密航《みっこう》をくわだてて外国に留学

しようとしたのです。波《なみ》にもまれながらやっとのことでペリーのいるポーハタン号にたどり着いた二人は、通訳《つうやく》を通して、「われわれをアメリカへ連《つ》れて行ってください」と頼《たの》みました。

ペリーは、このときのことを『日本遠征記《えんせいき》』に次のように書き残《のこ》しています。

《二人は疲《つか》れきったようすだったが、礼儀《れいぎ》正しく、上流の紳士《しんし》のようであった。私《わたし》自身は、二人の熱意に打たれアメリカに連れて帰りたいと思った。しかし、日本はこのたびアメリカの要求《ようきゅう》を受けいれ条約《じょうやく》を結《むす》んでくれた。その日本は、国民が海外に出ることを法律《ほうりつ》で

禁《きん》じている。私自身の気持《きもち》だけで二人をあつかうことができなかった。こうして、私は二人の望《のぞ》みを断《こと》わった》

国の法律《ほうりつ》を犯《おか》した二人は、捕《と》らえられて牢《ろう》に入れられることになりました。しかし、そこには、江戸二百五十年の鎖国《さこく》を、命《いのち》がけで打ち破《やぶ》ろうとする松陰《しょういん》の姿《すがた》がありました。

松陰は、武力《ぶりょく》にうったえてでも外国を打ちはらうべきだという単純《たんじゅん》な攘夷論《じょういろん》でなく、むしろ「外国のようすをくわしく知ってこそ、日本を守ることができる」と考えたのです。

松陰には、つねに死を恐《おそ》れず前進《ぜんしん》する明るさが宿《やど》っていました。牢《ろう》につながれても堂々《どうどう》とふるまい、役人たちを感心させたといいます。

大空の　恵《めぐみ》はいとど　あまねけり　人屋《ひとや》の窓《まど》も　照《て》らす日の影《かげ》

萩《はぎ》、野山《のやま》の獄中《ごくちゅう》で詠《よ》んだこの歌にあるように、どんな所でも天の恵みを見つけて明るく過《す》ごしたのです。松陰は、牢《ろう》につながれた人々に、「日本を天皇《てんのう》を中心とした国家に建《た》て直し、広く海外に学ぶべきだ」と論《ろん》じ、孟子《もうし》の講義《こうぎ》をし、囚人《しゅうじん》たちに人間としてのあるべき姿《すがた》を説《と》きました。

行動のともなう学問

野山獄《のやまごく》を出た松陰《しょういん》は、松下村塾《しょうかそんじゅく》を開き、学問を教え、時代の流れについて話しました。「学問をするのに大切なものは、志《こころざし》です。本を読んでさえいれば、だれでも学者になれるものです。しかし志がなく、行動の伴《ともな》わない学問などなんにもなりません」。また、「日本は神国《しんこく》です。この尊《とうと》き御国《みくに》に生まれたものは、神をおろそかにしてはなりません。しかし、神社に詣《もう》でて出世《しゅっせ》や長命《ちょうめい》、富《とみ》などを願《ねが》ったりするのは心得《こころえ》ちがいです。神を拝《おが》むには、まず心を正直で清《きよ》らかにし、ほかに何の心ももたずにただ拝《おが》むべきです。この信心《しんじん》が積《つ》みかさなったときに、徳《とく》となるのです」

若者たちが、松陰の人柄《ひとがら》と、形式にとらわれない講義《こうぎ》にひかれ、小さな塾《じゅく》に集まって来ました。多くは藩校《はんこう》に学ぶことができない下級藩士の子弟《してい》でした。

松下村塾《しょうかそんじゅく》に学んだ若者のひとりに高杉晋作《たかすぎしんさく》がいました。晋作は藩校《はんこう》にあきたらず、親にかくれて松陰《しょういん》のもとへ通っていました。獄《ごく》につながれた松陰を、危険思想《きけんしそう》の持ち主と見る人たちもいたのです。

晋作《しんさく》は、松陰の「おまえの持って生まれた、ものごとの正邪《せいじゃ》を判断《はんだん》する心に加《くわ》え、学問を積《つ》んだならば、すばらしい人物になれる」ということばに、火をつけられたかのように学問にはげみました。それまで、乱暴者《らんぼうもの》として恐《おそ》れられていた晋作は、まわりから信頼《しんらい》を集める人になりました。

松陰は一人ひとりに話しかけ、それぞれに合った本をすすめ、講義《こうぎ》をしました。長所を認《みと》めて、誉《ほ》めて引きだす教育でした。

松陰は、幕府《ばくふ》が尊皇攘夷《そんのうじょうい》の志士《しし》たちの弾圧《だんあつ》に乗りだした「安政《あんせい》の大獄《たいごく》」で、刑場《けいじょう》の露《つゆ》と消えました。三十歳《さい》の若さでした。松陰が松下村塾《しょうかそんじゅく》を開いたのは二十七歳、若者たちが松陰のもとで学んだのは、わずかな期間にすぎません。しかし、その遺志《いし》は、高杉晋作《たかすぎしんさく》、伊藤《いとう》博文《ひろぶみ》、山県有朋《やまがたありとも》などの弟子《でし》たちに受けつがれ、明治維新《めいじいしん》の大きな力になっていきました。

江戸《えど》を戦火《せんか》から救《すく》った

西郷隆盛《さいごうたかもり》

——天《てん》を敬《うやま》い人を愛《あい》する

西郷隆盛（さいごう・たかもり）

（１８２７〜１８７７）

明治維新《いしん》の功臣《こうしん》

薩摩藩《さつまはん》（現《げん》・鹿児島県《かごしまけん》）の下級武士《ぶし》の長男《ちようなん》。

２８歳《さい》で薩摩藩主島津斉彬《しまづなりあきら》の庭方役《にわかたやく》となる。以後、側近《そつきん》として活躍《かつやく》。斉彬亡《な》き後、二度の流罪《るざい》にあう。

１８６８年、東征大総督府参謀《とうせいだいそうとくふさんぼう》として、江戸開城《えどかいじよう》を平和裡《り》に成功《せいこう》させた。新政府《しんせいふ》では、陸軍大将兼参議《たいしようけんさんぎ》に任《にん》ぜられる。

１８７３年、征韓論《せいかんろん》に反対され、退官帰郷《たいかんききよう》。

１８７７年、私学校《しがつこう》の青年たちにおされて兵をあげたが、破《やぶ》れて城山に自刃《じじん》。

農民の暮《く》らしを知る

取り入れ前の稲《いね》が台風《たいふう》になぎ倒《たお》されています。夏の日照《ひで》りに加《くわ》えて、この台風の被害《ひがい》では、予想《よそう》以上の凶作《きょうさく》になりそうです。

領内《りょうない》の田畑《たはた》を見回る郡奉行《こおりぶぎょう》の迫田太次右衛門《さこたたじえもん》の表情がきびしく変わりました。

「これは、ひどか凶作じゃ。これでは、平年《へいねん》通りの年貢《ねんぐ》を納《おさ》めるのは、とても無理だ」

「はよ、なんとかしてやらんと、百姓《ひゃくしょう》がかわいそうじゃごわはんか」

郡方書役助《こおりかたかきやくたすけ》（書記補《しょきほ》）の西郷吉之助《さいごうきちのすけ》（後《のち》の西郷隆盛《たかもり》）も、うなずきます。

「吉之助、今年の米のでき具合《ぐあ》いと、台風の被害状況《ひがいじょうきょう》をくわしく調査《ちょうさ》せい。報告書《ほうこくしょ》を書いて、年貢《ねんぐ》を減《へ》らしてもらうんだ。このままでは、百姓《ひゃくしょう》が飢《う》え死《じ》にしてしまう」

実《みの》りの少ない稲《いね》の穂《ほ》を拾《ひろ》いあげ、「なんとかせな……」、そうつぶやく吉之助の前方《ぜんぽう》には、桜島《さくらじま》が雄大《ゆうだい》にそびえていました。

貧《まず》しい百姓《ひゃくしょう》から、年貢米《ねんぐまい》を取れるだけ取りたてようとする役人の多い中で、迫田《さこた》は、たえず農民の暮《く》らしを良くしようと考えている人でした。迫田は吉之助に報告書を書かせ、藩《はん》庁《ちょう》に差《さ》しだしたのですが、藩庁は例年《れいねん》通りの年貢米《ねんぐまい》を取りたてるよう命令を下《くだ》しました。憤《ふん》慨《がい》した迫田《さこた》は、郡奉行《こおりぶぎょう》をやめてしまいました。

迫田が去ったあと、吉之助は、新しい郡奉行の下で働《はたら》くことになりましたが、百姓《ひゃくしょう》たちの暮《く》らしが良くなるように努力し、政治《せいじ》を改革《かいかく》していかなければならないことを自覚《じかく》する青年になっていました。

当時、諸大名《しょだいみょう》の中にあって、もっとも英明《えいめい》ですぐれた島津斉彬《しまづなりあきら》が薩摩藩主《さつまはんしゅ》になったのは、一八五一年。斉彬は、吉之助《きちのすけ》がたびたび上に申したてた農業改革《かいかく》の意見書に目をとめ、吉之助を薩摩藩江戸屋敷《えどやしき》の庭方役《にわかたやく》（現代《げんだい》の秘書役《ひしょやく》）に任命《にんめい》しました。

ペリー率《ひき》いるアメリカ艦隊《かんたい》が浦賀《うらが》に姿《すがた》をあらわし、大砲《たいほう》を轟《とどろ》かせたのは一八五三年でした。《太平のねむりをさます上喜撰《じょうきせん》（蒸気船《じょうきせん》）たった四杯《はい》（四艘《そう》）で夜もねむれず》と、そのころの人たちのあわてぶりが、おもしろく歌われました。

翌年、開国を求めてペリーが再《ふたた》び来航《らいこう》しました。幕府《ばくふ》は、アメリカと日米和親条約《にちべいわしんじょうやく》を結《むす》びました。下田《しもだ》と函館《はこだて》を開港《かいこう》し、アメリカ船に食糧《しょくりょう》や燃料《ねんりょう》を供給《きょうきゅう》するなどと定《さだ》めたものでした。幕府は続いて、ロシア、イギリス、オランダとも条約《じょうやく》を結《むす》びました。

こうして徳川幕府の鎖国政策《さこくせいさく》は終わりました。

吉之助は、諸大名《しょだいみょう》との連絡係《れんらくがかり》として、水戸藩《みとはん》（現在の茨城《いばらき》県）の藤田東湖《ふじたとうこ》や福井藩《ふくいはん》の橋本《はしもと》左内《さない》など、当時活躍《かつやく》していた勤皇《きんのう》（天皇にまごころを尽《つ》くすこと）の思想家《しそうか》と会うことにより、日本全体と世界に対する目が開かれていきました。

薩長《さっちょう》が手をむすぶ

斉彬《なりあきら》が急病《きゅうびょう》で亡《な》くなり、その後を継《つ》いだ後見人《こうけんにん》・久光《ひさみつ》と、吉之助《きちのすけ》は意見が合わず、吉之助は、二度、島流しにあっています。一八六四年、呼びもどされた吉之助は、名前も隆盛《たかもり》と改《あらた》め、薩摩《さつま》全軍の司令官《しれいかん》になりました。

その年の秋のことです。蛤御門《はまぐりごもん》の変《へん》で、西郷《さいごう》の率《ひき》いる薩摩軍が、京都を占領《せんりょう》し、幕府《ばくふ》を倒《たお》そうとする長州藩《ちょうしゅうはん》を破《やぶ》りました。

西郷の名声はいやがうえにも高まり、長州をつぶしてしまえという声も大きくなっていきました。(いいや、いまは、国内で争《あらそ》っているときではない)西郷は考えました。

そんなとき、西郷は坂本竜馬《さかもとりょうま》のすすめで、大阪で勝海舟《かつかいしゅう》と会ったのです。

「西郷さん、幕府《ばくふ》をあてにしてもムダですよ。現在の幕府に、国内を統一《とういつ》して、世界の列《れっ》強《きょう》と対応《たいおう》する力はありません」

西郷はびっくりして、大きな目をむき、勝をみつめました。それまで、西郷には、政治改《せいじかい》革《かく》のために幕府をたおすという考えは、つゆほどもありませんでした。勝は続けました。

「それよりも、薩摩《さつま》と長州《ちょうしゅう》が手を組み、国の重大事に処《しょ》していかなければ、日本は外国に征服《せいふく》されてしまいますよ」

勝海舟《かつかいしゅう》は、幕府《ばくふ》の海軍をになう実力者です。その勝から、幕府崩壊《ほうかい》の話を聞かされたのです。西郷《さいごう》の純粋《じゅんすい》な心は、人の意見のよしあしを見極《みきわ》め、それを受けいれる度量《どりょう》の大きさを持っていました。

勝海舟によって、西郷はまたひとつ大きく開眼《かいがん》したのです。

坂本竜馬《さかもとりょうま》を介《かい》して、薩摩藩の西郷と長州藩の木戸孝允《きどたかよし》は、力を合わせて幕府をたおそうと薩長同盟《さっちょうどうめい》を結《むす》びました。

無血《むけつ》の江戸城《えどじょう》明けわたし

一八六七年には、徳川慶喜《とくがわよしのぶ》が大政奉還《たいせいほうかん》を天皇《てんのう》に申しでて、王政復古《おうせいふっこ》の大号令《だいごうれい》が発《はっ》せられ、日本の政治《せいじ》の中心は江戸幕府《えどばくふ》から皇室《こうしつ》にかえったのです。

明けて一月、鳥羽伏見《とばふしみ》の戦《たたか》いで、薩長軍《さっちょうぐん》が旧幕府軍《きゅうばくふぐん》をやぶり、二月三日、天皇親征《しんせい》

の詔《みことのり》がだされ、九日に西郷《さいごう》は新政府軍の東《とう》征大総督府参謀《せいだいそうとくふさんぼう》に任《にん》じられました。三月、天皇からさずけられた錦《にしき》の御旗《みはた》を先頭《せんとう》にした官《かん》軍《ぐん》は京都を出発しました。

♪　宮《みや》さん宮さん　お馬のまえに
ひらひらするのは　なんじゃいな
トコトンヤレ　トンヤレナ
あれは朝敵《ちょうてき》　征伐《せいばつ》せよとの
錦《にしき》の御旗《みはた》じゃ　知らないか
トコトンヤレ　トンヤレナ　♪

官軍《かんぐん》はトコトンヤレ節《ぶし》を歌いながら、東海

道を進みました。日に日に官軍に味方する者がふえていきました。三月十二日、品川宿に到着《とうちゃく》。十五日には江《え》戸城《どじょう》総攻撃《そうこうげき》の作戦が決定しています。

剣豪《けんごう》としても名高い山岡鉄舟《やまおかてっしゅう》の死を賭《と》した誓願《せいがん》により、西郷《さいごう》と勝《かつ》は十三日と十四日にわたって、江戸薩摩藩邸《さつまはんてい》で会談《かいだん》しました。

二人はすでにお互《たが》いの心がわかっていました。それは、信頼《しんらい》の上に築《きず》かれた友情でした。

官軍は天子《てんし》の軍隊だ。天から見れば敵《てき》も味方もない。傷《きず》つくのはいつも百姓《ひゃくしょう》や町民だ。民衆《みんしゅう》を戦火《せんか》から救《すく》うことが天の心にかなう政治《せいじ》だ、と西郷は思ったのです。

勝《かつ》は「総攻撃《そうこうげき》になれば、多くの犠牲者《ぎせいしゃ》がでる。そこへ外国の介入《かいにゅう》があれば、日本は支配《しはい》されてしまう」と考えていました。西郷《さいごう》も同じ考えでした。

江戸城《えどじょう》は無血《むけつ》で明けわたされました。こうして、名実《めいじつ》ともに江戸幕府《ばくふ》は約二百七十年の歴史を閉《と》じ、時代は明治《めいじ》へと移り変わったのです。

西郷は「敬天愛人《けいてんあいじん》」——天を敬《うやま》い人を愛《あい》す——このことばが大好きでした。のちに明治維《めいじい》新《しん》の偉業《いぎょう》を成《な》しとげた苦労《くろう》をたずねられて、こう答えたと伝えられています。

「私心《ししん》があれば天下を治《おさ》めることは出来もはん。命もいらん、名もいらん、官位《かんい》も金もいらん。天の心を聞いて、何千も何万もの人が動いてなりもした」

キューバ危機《きき》を救《すく》ったアメリカ大統領《だいとうりょう》

ジョン・F・ケネディ

――冷静《れいせい》で勇気《ゆうき》ある決断《けつだん》が平和をもたらす

ジョン・F・ケネディ
（1917〜1963）
第35代アメリカ大統領《だいとうりょう》

アメリカ・マサチューセッツ州《しゅう》の実業家《じつぎょうか》の家に生まれる。ハーバード大学卒業後《そつぎょうご》、海軍にはいる。

戦後、29歳《さい》で下院議員《かいんぎいん》に当選《とうせん》、1952年、上院《じょういん》議員になる。ジャクリーンと結婚《けっこん》。8人のアメリカ人の伝記《でんき》『勇気ある人々』を出版《しゅっぱん》、ピュリッツアー賞を受賞《じゅしょう》。

民主党《みんしゅとう》から立候補《りっこうほ》し、43歳で第35代大統領《だいとうりょう》になる（在任《ざいにん》61〜63）。アメリカで最初《さいしょ》のカトリック教徒《きょうと》の大統領で史上《しじょう》最年少。貧困《ひんこん》、人種差別《じんしゅさべつ》、都市や教育の問題に積極的に取り組むニュー・フロンティア政策《せいさく》を打ちだした。1963年テキサス州ダラスで暗殺《あんさつ》される。

椰子《やし》の実《み》の「SOS」

「敵艦《てきかん》だ！」

ジョン・F・ケネディ中尉《ちゅうい》を艇長《ていちょう》とする魚雷艇《ぎょらいてい》PT一〇九号が、南太平洋のソロモン群《ぐん》島沖《とうおき》で日本の駆逐艦《くちくかん》『天霧《あまぎり》』の艇影《ていえい》を発見したのは、一九四三年（昭和十八年）八月、午前二時三十分。時すでに遅《おそ》く、敵《てき》の駆逐艦《くちくかん》に体当りされた魚雷艇《ぎょらいてい》は真っ二つになりました。

艇《てい》の前半分だけが残《のこ》り、ガスタンクからはものすごい勢《いきお》いで炎《ほのお》があがっていました。

「おーい、だれかいるかー」

ケネディは声をはりあげました。艇《てい》や海上から艇員の声が返ってきました。ケネディは声のする方に泳《およ》いでいっては、負傷《ふしょう》した部下を艇の残骸《ざんがい》に引きあげました。二人は即死《そくし》、ケネディ以下十一名の生存《せいぞん》が確認《かくにん》されました。

時がたち艇《てい》が沈みはじめると、ケネディは部下をはげまし、三マイル（約四・八キロ）ほど離《はな》れた小島まで泳いでいくように命じ、自分は、瀕死《ひんし》の重傷《じゅうしょう》をおった部下の身体《からだ》を結《むす》んだ紐《ひも》を口にくわえて泳ぎ、五時間後に島に着きました。

小島から小島へと泳ぎ、四日目にたどり着いたナウル島で、ケネディは椰子《やし》の実《み》にナイフで〝SOS〟と彫《ほ》りつけ、島の人に渡《わた》しました。椰子の実はイギリス軍の手に渡り、間《ま》もなく救援《きゅうえん》の手が差《さ》しのべられました。

九死《きゅうし》に一生をえたケネディは、第二次世界大戦が終結《しゅうけつ》した翌年《よくねん》、二十九歳《さい》でマサチューセッツ州《しゅう》から連邦下院議員《れんぽうかいんぎいん》に立候補《りっこうほ》して当《とう》選《せん》。上院議員となったのは、三十五歳のときでした。

青年政治家《せいねんせいじか》ケネディの胸《むね》の奥《おく》にはいつも、魚雷艇《ぎょらいてい》が沈《しず》み、死《し》ととなり合わせに生きた数日間のことがありました。あのときケネディは、何者かによって生かされた自分の生命《いのち》を、平和のために捧《ささ》げようと決心したのです。ケネディは、州《しゅう》や選挙区《せんきょく》のみの利益《りえき》にとらわれず、全国民の福祉《ふくし》のために活動する政治家《せいじか》に成長《せいちょう》していきました。

一九六一年一月二十日、第三十五代アメリカ大統領《だいとうりょう》、ジョン・F・ケネディの就任式《しゅうにんしき》が、首都《しゅと》ワシントンで行なわれました。冬の寒く澄《す》んだ空気の中、四十三歳の若い大統領は帽子《ぼうし》もコートもなしで演説《えんぜつ》を始めました。

「――国家が諸君《しょくん》のためになにを成《な》すか問いたもうな。諸君が国家のためになにを成《な》し得《う》るのかを問いたまえ」

この就任演説は、世界中の人々に感動を与えました。しかしその年、国内には失業者《しつぎょうしゃ》があふれ、国際問題では、東西両陣営《りょうじんえい》(当時のアメリカとソ連《れん》)の〝冷たい戦争〟が激化《げきか》していました。

一九五七年、ソ連《れん》が世界初《はつ》の人工衛星《じんこうえいせい》の打ちあげに成功《せいこう》しました。続いてアメリカが成功。両国は国力をあげてロケットの開発にいどみ、宇宙《うちゅう》時代の幕《まく》あけといわれました。軍事力強化の開発でもありました。

一九五九年、キューバで反米反帝国主義《ていこくしゅぎ》を掲《かか》げる社会主義革命《かくめい》がおきました。

一九六一年、東ドイツが東西ドイツの交通を遮断《しゃだん》するベルリンの壁《かべ》（一九八九年に崩壊《ほうかい》）を築《きず》きました。

平和への交渉《こうしょう》

ホワイトハウスが、ソ連《れん》の武器《ぶき》や技術員《ぎじゅついん》が多数キューバに入ったという情報《じょうほう》を受けとったのは、一九六二年八月。九月には航空写真《こうくう》によって、アメリカを攻撃《こうげき》するためのミサイル基地《きち》を建設《けんせつ》していることが明らかになりました。

十月二十二日、ケネディ大統領《だいとうりょう》は、テレビで全国民に向かって、「アメリカはキューバの核《かく》ミサイル配置《はいち》に対抗《たいこう》して、ソ連のキューバへの攻撃用軍需品《こうげきようぐんじゅひん》の海上輸送路《ゆそうろ》をことごとく遮断《しゃだん》する。また、キューバから発射《はっしゃ》されるミサイルはすべてソ連のアメリカに対する攻撃《こうげき》とみなし、全面報復《ほうふく》を行なう」と演説《えんぜつ》。海上を封鎖《ふうさ》することを発表しました。

キューバでは、四十二台の中距離《ちゅうきょり》ミサイルがアメリカに向《む》けて取りつけられ、二十五隻《せき》のソ連船がキューバに向かっていました。これに対し、九十隻のアメリカ軍艦《ぐんかん》が八隻の航空《こうくう》母艦《ぼかん》をともなって移動《いどう》。第三次世界大戦が起こるのではないかと、世界中の人々が固唾《かたず》を呑《の》んで、ことのなりゆきを見守っていました。

ケネディとソ連のフルシチョフの間で交渉《こうしょう》が続けられ、ついにソ連船は進路を変え本国《ほんごく》に向かったのです。二十八日には、ソ連がキューバからミサイルを撤去《てっきょ》するというメッセージが届《とど》きました。

危機《きき》は去ったのです。そして、この対決から十ヵ月後、ソ連との部分的核実験停止条約《かくじっけんていしじょうやく》にこぎつけたのです。この条約には日本をはじめ、百をこえる国々が署名《しょめい》しました。ケネディの冷静《れいせい》で勇気《ゆうき》ある決断《けつだん》によって、平和への道が開かれたのです。

キューバ危機《きき》の反省をもとに、緊急事態《きんきゅうじたい》が発生したときにアメリカとソ連の両首脳《りょうしゅのう》が協《きょう》議《ぎ》するための、ワシントンとモスクワを結《むす》ぶホットラインが設置《せっち》されました。

銃弾《じゅうだん》にたおれる

理想《りそう》に燃《も》えるケネディは、アメリカの青年を開発途上国《かいはつとじょうこく》に派遣《はけん》し、その国の生活や教育の向上のために貢献《こうけん》する『平和部隊《ぶたい》』を組織《そしき》しました。隊員《たいいん》はケネディの大統領就任演説《だいとうりょうしゅうにんえんぜつ》に感動し、真の勇気に目覚《めざ》めた若者たちでした。

一九六三年十一月二十二日、ジョン・F・ケネディが、次期《じき》大統領選挙《せんきょ》のために、テキサス州《しゅう》ダラスをおとずれ、オープンカーで行進《こうしん》している模様《もよう》がテレビに放映《ほうえい》されました。そのとき、銃声《じゅうせい》が鳴《な》り、若き大統領は暗殺《あんさつ》されたのです。世界中に衝撃《しょうげき》が走り、世界が期待《きたい》した大統領の死をおしむ声があがりました。

大統領が亡《な》くなった月、景気《けいき》は回復《かいふく》し失業者《しつぎょうしゃ》の数は減少《げんしょう》していました。大統領の机《つくえ》の上には、SOSと刻《きざ》まれた椰子《やし》の実《み》が、光に照《て》らされ、残《のこ》されていました。

一九六四年、日本では東海道新幹線が開通し、平和を象徴《しょうちょう》するスポーツの祭典《さいてん》・オリンピックが東京で開催《かいさい》されました。

日本に戒律《かいりつ》を伝えた

鑑真《がんじん》

――「法《ほう》のためなら、なんで命《いのち》が惜《お》しかろう」

ふたりの日本僧《そう》

普照《ふしょう》と栄叡《ようえい》が、唐《とう》（現在《げんざい》の中国）に渡《わた》ってから十年近い歳月《さいげつ》が流れていました。二人は、第九回遣唐使《けんとうし》として、日本を出発した若い僧《そう》でした。

日本の都《みやこ》・平城京《へいじょうきょう》にはさかんに寺院《じいん》が建立《こんりゅう》されていましたが、仏教の戒律《かいりつ》（僧《そう》が守らなければならない規則《きそく》）を正しく伝える僧がいませんでした。疫病《えきびょう》と飢饉《ききん》が続き、重い税金《ぜいきん》からのがれるために、自分勝手に僧になる者もあとをたちません。

鑑真（がんじん）

（688～763）

東大寺に戒壇《かいだん》を設《もう》けた中国の高僧《こうそう》

中国揚州《ようしゅう》生まれ。律宗《りつしゅう》の第一人者。14歳《さい》のときに、仏像《ぶつぞう》を見て感動し出家《しゅつけ》したと伝えられる。20歳で、長安《ちょうあん》に出て修行《しゅぎょう》にはげむ。26歳、仏教の講義《こうぎ》をする。

733年、普照《ふしょう》と栄叡《ようえい》が唐《とう》の土をふんだとき、鑑真《がんじん》はすでに4万人の弟子《でし》を育てていた。

742年、日本に渡《わた》ることを決意。5度渡航《とこう》に失敗《しっぱい》、753年、6度目に薩摩《さつま》半島西岸に漂着《ひょうちゃく》。翌年奈良《なら》にはいる。758年、大和上《だいわじょう》の尊号《そんごう》をたまわる。

医薬《いやく》の知識《ちしき》、唐《とう》の美術工芸《びじゅつこうげい》、書道なども伝え影響《えいきょう》を与えた。763年、唐招提寺《とうしょうだいじ》で入滅《にゅうめつ》。76歳。

二人は、日本の仏教の指導者《しどうしゃ》となるべき、すぐれた僧《そう》をさがしだして、日本に来てもらう重要な使命《しめい》をもって唐《とう》に渡《わた》ったのでした。

唐は玄宗皇帝《げんそうこうてい》の時代でした。都《みやこ》の長安《ちょうあん》は栄《さか》えていました。戒律《かいりつ》の第一人者《だいいちにんしゃ》・鑑真《がんじん》の噂《うわさ》を耳にした二人が揚州《ようしゅう》の大明寺をたずねたのは、七四二年。鑑真が五十五歳《さい》のときでした。

三十数人の弟子《でし》をしたがえた鑑真の前で、二人は熱心にうったえました。

「わが国の天皇《てんのう》も皇后《こうごう》も仏教を深く信じて、仏教をひろめようと力をつくしてきました。しかし、まだ正しい戒律《かいりつ》が行なわれておりません。聖徳太子《しょうとくたいし》という人が〝二百年後に仏教がさかんになる〟と予言《よげん》しており、いよいよその時が到来《とうらい》したようです。和上《わじょう》（僧《そう》に対する敬称《けいしょう》）、どうか、日本に戒律を伝えるために、門下《もんか》の方に命《めい》じて、私《わたし》たちといっしょに日本に行くようにおっしゃってください。お願いします」

鑑真《がんじん》は、

「あなたがたの国の話は、むかしから聞いているが、いまの話で、さらに仏教について、縁《えん》の深い国だということがわかった。皆《みな》もいまの話でわかったと思う。皆の中で懇請《こんせい》（熱心な頼《たの》み）にこたえて、日本にわたり戒律《かいりつ》を伝えようと思う者はいないか」

と、ていねいに答え、弟子《でし》たちに呼びかけました。普照《ふしょう》と栄叡《ようえい》は祈《いの》るような気持ちで、弟子たちのコトバを待ちました。

弟子の一人が進みでていいました。

「日本は遠い。海を渡《わた》るには生命《せいめい》の危険《きけん》があります。百に一つも渡航《とこう》に成功《せいこう》しないでしょう。だから、みんな黙《だま》っているのです」

「法《ほう》（仏《ほとけ》の教え）のためなら、なんで命《いのち》が惜《お》しかろう。皆が行かないなら、私《わたし》が行こう」

はっきりと言ったのは、鑑真《がんじん》でした。

その場で、二十一人の弟子が鑑真にしたがって渡航《とこう》を決意しました。

普照《ふしょう》と栄叡《ようえい》は、意外な事のなりゆきにおどろいてしまいました。喜《よろこ》びと信じられないという気持ちが、半々だったのではないでしょうか。

志《こころざし》は国境《こっきょう》をこえていました。

六度目の成功《せいこう》

一行《いっこう》はさっそく準備《じゅんび》にとりかかり、翌年の春、揚子江《ようすこう》の河口《かこう》から出発することになりました。ところが、大陸沿岸《えんがん》に海賊《かいぞく》が出没《しゅつぼつ》し、渡航《とこう》は延期《えんき》になりました。そのうえ、僧《そう》の一人が、仲間《なかま》が海賊になろうとしているなどと、役人にウソのうったえをしたので、僧たちが捕《と》らえられてしまいました。一回目の渡航計画は失敗《しっぱい》に終わりました。

しかし、鑑真《がんじん》は志《こころざし》を変えません。その年の暮《く》れ、二回目の渡航を試《こころ》みましたが、嵐《あらし》にあい、失敗。三回目も四回目も失敗しました。自然の災害《さいがい》にはばまれただけでなく、鑑真がすぐれた僧であったので、日本に行くことを惜《お》しんで、引きとめる人が多かったのです。

七四八年の五度目の渡航《とこう》では、東シナ海で季節風にあい、一行は一ヵ月近く海をさまよい、インドシナ半島の東にうかぶ海南島《かいなんとう》まで流されました。漂着《ひょうちゃく》した島で鑑真は、仏殿《ぶつでん》をつくったり、仏教の講義《こうぎ》をし、戒律《かいりつ》を授《さず》け、活動しました。

いつ、どこにいても法に生きる鑑真の態度《たいど》は、ゆるぎないものでした。

翌年、一行は大陸に帰りました。その年、栄叡《ようえい》が高熱を出して亡《な》くなりました。それに続き、航海の苦労がたたったのか、難破《なんぱ》したとき海水が目に入ったのが原因で、鑑真《がんじん》は失明《しつめい》してしまったのです。

視力《しりょく》を失《うしな》ってなお鑑真は、七五三年十月、前年日本から来ていた第十回遣唐使《けんとうし》の帰国船《きこくせん》に、二十数人の弟子《でし》たちと乗りこみました。六回目の試《こころ》みです。

一行は、乗船も荷物の積《つ》みこみも、すべて夜こっそりと行ないました。鑑真の渡航《とこう》に反対する人が多い中、出発するのですから、そのような方法をとらざるを得《え》なかったので

す。

船は、日本めざしてとも綱《づな》を解き、順風《じゅんぷう》に帆《ほ》を上げました。薩摩《さつま》半島の西岸に無事到《とう》着《ちゃく》したのは、その年の十二月のことでした。

鑑真《がんじん》はついに日本の土をふみました。十二年かけて目的を達成《たっせい》したとき、六十六歳《さい》になっていました。その間、生命《いのち》を失《うしな》った弟子《でし》や同行者は三十六人、途中《とちゅう》であきらめて去って行った者は二百人以上といわれます。

普照《ふしょう》にとっては、二十年ぶりの帰国《きこく》です。

奈良《なら》の都《みやこ》には、東大寺の大仏《だいぶつ》が完成《かんせい》していました。

唐招提寺《とうしょうだいじ》のお像《ぞう》

鑑真《がんじん》は東大寺に戒壇《かいだん》（僧《そう》に戒《かい》をさずけるために石で作った壇《だん》）をつくり、七五四年の春、はじめて、聖武上皇《しょうむじょうこう》、光明皇太后《こうみょうこうたいごう》、孝謙天皇《こうけんてんのう》、僧《そう》など四百四十余《よ》名の者に正式な戒《かい》をさずけました。

鑑真がもたらしたのは、受戒《じゅかい》だけではありませんでした。弟子《でし》の僧《そう》たちを同行させ、仏師《ぶっし》、画家《がか》、経典《きょうてん》、薬物《やくもつ》などをたずさえてきました。とくに、薬についての知識《ちしき》がふかく、すでに失明《しつめい》していましたが、匂《にお》いでかぎわけたということです。

鑑真が創建《そうけん》した奈良《なら》の唐招提寺《とうしょうだいじ》には、等身大《とうしんだい》の鑑真の像《ぞう》が、大宇宙と調和《ちょうわ》した美《うつく》しい姿《すがた》で静かに座《ざ》しています。お像は、鑑真が在世中《ざいせちゅう》に作られたものです。七六三年春、弟子の忍基《にんき》が、講堂《こうどう》の梁《はり》が折《お》れる夢《ゆめ》を見て、和上《わじょう》の遷化《せんげ》（高僧《こうそう》が死ぬこと）が近いことを知り、いそいで弟子たちが和上のお姿《すがた》を写《うつ》したのだといわれています。まつげや髭《ひげ》までかきこまれたお像は、写実《しゃじつ》をこえて深い精神性《せいしんせい》をたたえています。じっと見ていると、そのまわりに、どとうの海の光景がたちあらわれてくるようです。

第3章

ひとすじの道をひたすらに

ファーブル
パール・バック
ヘレン・ケラー
良寛《りょうかん》

『昆虫記《こんちゅうき》』を著《あらわ》した
ファーブル
——自然と人が調和《ちょうわ》する理想《りそう》世界

自然を遊《あそ》び相手に

アンリは、太陽にむかって口をポカンと開《あ》け、瞼《まぶた》を閉じてみました。つぎに、目を開《ひら》いて、口をつぐみました。これを何度かやりなおしてみます。

「そうか！　ぼくは目で光を感じとっているんだ」

五歳《さい》のアンリ・ファーブルは、丸い顔をニッコリほころばせ、この大発見を家族に知らせようと、野原からかけ出しました。

アンリ・ファーブル

（1823〜1915）

昆虫学者《こんちゅうがくしゃ》・博物学者《はくぶつがくしゃ》

南フランスのサン・レオン村の貧《まず》しい農家に生まれる。小学校の先生になる。20歳《さい》のとき同じ小学校の先生マリーと結婚《けっこん》。コルシカ島《とう》の中学へ。フランス本国《ほんごく》に帰り、中学で教える。

昆虫学者デュフールの論文《ろんぶん》に啓発《けいはつ》され研究に没頭《ぼっとう》。

進化論《しんかろん》をとなえたダーウィンが著書《ちょしょ》『種《しゅ》の起源《きげん》』のなかでファーブルを「たぐいまれな観察者《かんさつしゃ》」とたたえる。

生活のためにアカネから色素《しきそ》を取る研究をして成功《せいこう》するが、収入《しゅうにゅう》には結《むす》びつかなかった。

レジオン・ドヌール勲章《くんしょう》を受ける。

その晩《ばん》、夕食の席《せき》で、アンリの輝《かがや》かしい発見の話は、「そんなあたりまえのこと」とみなに大笑《おおわら》いされてしまいました。しかし、実験《じっけん》して真理《しんり》を確《たし》かめようとする知恵《ちえ》が、アンリの内に芽《め》ばえたのです。

一八二三年に南フランスの貧《まず》しい農家に生まれたファーブルは、おもちゃなど買ってもらえませんでしたが、豊《ゆた》かな自然を遊《あそ》び相手に、するどい観察力《かんさつりょく》と生きものを愛《あい》する心を育《はぐく》んでいきました。アンリが生まれたころ、イギリスでは、世界最初《さいしょ》の鉄道が開通し、世界は工業化に向かっていました。

日本では江戸《えど》時代にあたり、徳川幕府《とくがわばくふ》の開設《かいせつ》した小石川薬園《こいしかわやくえん》では、植物の研究が続けられていました。医師《いし》で植物学者の飯沼慾斎《いいぬまよくさい》が『草木図説《そうもくずせつ》』を著《あらわ》しています。

たった一度の授業《じゅぎょう》

ファーブルは、美しい自然に囲《かこ》まれたコルシカ島《とう》で、植物や昆虫《こんちゅう》に心ひかれながらも、大学教授《きょうじゅ》になることを夢《ゆめ》みて、中学校の物理《ぶつり》教師をするかたわら、数学を勉強していました。

そんなある日、博物学《はくぶつがく》の大家《たいか》モキャン・タンドン博士《はかせ》が植物研究のためにやってきて、ファーブルの家に宿泊《しゅくはく》しました。

「数学はやめて、あなたの情熱を好きな植物や虫の研究にかたむけたらどうですか。そうしたら、きっとあなたのことばにふり返る人も出てきますよ」

ファーブルの本当の才能《さいのう》を見抜《みぬ》いたタンドンは、助言《じょげん》を与《あた》えました。

そして島《しま》を去《さ》る前日、タンドンは、カタツムリを水槽《すいそう》のなかで解剖《かいぼう》してみせました。それから、取りだした器官《きかん》を説明《せつめい》し、スケッチしました。これが、ファーブルが二十七歳《さい》で、一生にただ一度だけ受けた博物学《はくぶつがく》の授業《じゅぎょう》でした。

ファーブルは、フランス本国《ほんごく》にもどり、アビニョンの中学の先生になりました。デュフールの論文《ろんぶん》を読んで、昆虫《こんちゅう》の生態《せいたい》をありのままに観察《かんさつ》する方法を知り、昆虫の研究にうちこみ、ツチスガリという蜂《はち》に関する論文《ろんぶん》を発表して、フランス学士院《がくしいん》の実験生理学賞を受賞《じゅしょう》しました。けれども、経済的《けいざいてき》には少しも楽《らく》になりませんでした。家庭教師や教科書の著述《ちょじゅつ》などをして家族を養《やしな》いました。

パリからの手紙

パリから一通の手紙が届《とど》きました。ファーブルの研究を応援《おうえん》する文部大臣《もんぶだいじん》デュリュイです。

《至急《しきゅう》、大臣室に来られたし》

ファーブルが大臣室をたずねると、「これをみてごらん」と新聞がさしだされました。フランス最高の勲章《くんしょう》・レジオン・ドヌール勲章がファーブルに授《さず》けられるというのです。

「ここにきたまえ。わたしが授賞式《じゅしょうしき》をやってあげよう」

デュリュイは、ファーブルに赤いリボンをつけてあげて、ファーブルの頬《ほお》にお祝《いわ》いのキスをしました。

「きみの研究のためにつかってくれ」と、千二百フランの札束《さつたば》もわたしました。

社交嫌《しゃこうぎら》いのファーブルを思いやった二人だけの授賞式《じゅしょうしき》でした。ファーブルは友情に感謝《かんしゃ》しました。

ファーブルは宮殿《きゅうでん》に招《まね》かれ、ときの皇帝《こうてい》ナポレオン三世《せい》におめにかかりました。何人かの研究者が皇帝の質問《しつもん》にこたえていました。ファーブルもこたえました。

パリの博物館《はくぶつかん》も見ないで翌日帰ることにしたのは、ファーブルは〝野《の》のたぐいない博物館の方が気に入って〟いたからです。

ファーブル四十五歳《さい》、遠く日本では明治元年、小石川薬園《こいしかわやくえん》は東京府《ふ》の管轄《かんかつ》となりました。

五十五歳のとき、わずかの蓄《たくわ》えを工面《くめん》して、セリニアンの村はずれに土地と家を購入《こうにゅう》しました。ファーブルはこの地を〝アルマス〟（荒《あ》れ地）と呼び、フランス中のあらゆる植

物はもちろんのこと、日本の松《まつ》や竹《たけ》も植《う》えて、昆虫《こんちゅう》の楽園をつくりました。

生かしあい

早朝《そうちょう》、農夫がかぶる愛用《あいよう》の黒いフェルト帽《ぼう》をかぶったファーブルと、子どもたちが、手に手に獲物《えもの》のはいった紙袋《かみぶくろ》を下げて、野原から〝アルマス〟に帰ってきました。袋の中には、ショウリョウバッタやトノサマバッタやイナゴがはいっています。

子どもたちと楽しいバッタ狩《が》りをしたあと、ファーブルは二階の研究室にこもります。カゴの中のバッタにたずねました。

「バッタくん、きみたちは、野原でなにをしているの？　畑の作物《さくもつ》を食べるので、みんなはきみたちのことを害虫《がいちゅう》だと言っているけど、ほんとうにそうなのかい？」

バッタは答えました。

「いいえ、わたしは害虫ではありません。この自然の中の一つの生命《いのち》で、神さまから与《あた》えられた生命《せいめい》を生ききっているのです」

声は、ファーブルの心の内《うち》のささやきだったかもしれません……。

バッタは、しば草《くさ》を食べます。ニワトリや七面鳥《しちめんちょう》はそのバッタが大好物《だいこうぶつ》です。また、魚も、バッタが水の中に落ちてきたら食べます。人間は、バッタを食べた鳥や、鳥の卵《たまご》や魚で食卓《しょくたく》を飾《かざ》ります。つまり、バッタが生きることは、他の生きものが生きることにつながっているのです。

ファーブルはこの地で、約三十年という後半生《こうはんせい》のすべてを賭《か》けて、身近《みぢか》にいる昆虫《こんちゅう》の本能《ほんのう》と生態《せいたい》を探《さぐ》る実験などをくりかえし、わかりやすい言葉で、『昆虫記』十巻《かん》をまとめました。人間と他の生きものが、自然のなかで共存《きょうぞん》できる環境《かんきょう》づくりを忘《わす》れてはならない、とも言っています。

九十一歳《さい》の十月、静かに息を引きとったファーブルは、セリニアン村の墓地《ぼち》に埋葬《まいそう》されました。真新《まあたら》しい墓《はか》にバッタとテントウ虫がやってきました。自然を愛《あい》し、自然の調和《ちょうわ》を求めたファーブルを慕《した》うかのように――。

小説《しょうせつ》『大地《だいち》』でアジアの心を伝えた

パール・バック

――「私《わたし》に小説を書かせたのは障害《しょうがい》のある娘《むすめ》です」

パール・バック

(1892〜1973)

アメリカの小説家《しょうせつか》

アメリカ・ウェストバージニア州《しゅう》に生まれる。生後間《せいごま》もなく中国に渡《わた》る。

1910年、大学教育を受けるためにアメリカに帰国《きこく》する。大学卒業後《そつぎょうご》、再び中国へもどり、ジョン・L・バックと結婚《けっこん》。南京《なんきん》大学英文学教授《きょうじゅ》としてつとめるかたわら小説《しょうせつ》を執筆《しっぴつ》する。

1930年に処女作《しょじょさく》『東の風、西の風』、翌年に『大地』で一躍《いちやく》注目をあびる。1932年、ピュリッツアー賞を受賞《じゅしょう》。1935年、出版社《しゅっぱんしゃ》社長R・ウォルシュと再婚《さいこん》する。1938年、ノーベル文学賞受賞。

母になった日

「なんて、きれいで賢《かしこ》そうな赤ちゃんかしら」

ばら色に輝《かがや》く頬《ほお》の女の赤ちゃんを腕《うで》の中に抱《だ》きとって、パール・バックは中国人の看護婦《かんごふ》さんの方をふり返りました。看護婦さんは、

「ええ、ほんとうに……。あなたのお子さんは、きっとなにか特別な使命《しめい》をもってお生まれになったんですわ。こんなに美《うつく》しくて賢《かしこ》そうな瞳《ひとみ》をしているんですもの」

パールは、世界一幸福《こうふく》な母親でした。母親ゆずりの深みのあるブルーの瞳《ひとみ》と、金色に輝《かがや》く髪《かみ》をもつ娘《むすめ》は、キャロルと名付《なづ》けられました。

一九二一年、春の日、パールは二十九歳《さい》で母になりました。

中国南京《なんきん》には李《すもも》の花が咲《さ》いていました。

パールは、中国にキリスト教を伝えるアメリカ人宣教師《せんきょうし》を両親として、中国で育ちました。宣教師《せんきょうし》の父は伝道《でんどう》のために、中国奥地《おくち》へはいって行きました。

朝食のあとには、父は聖書《せいしょ》を読んできかせ、子どもたちに聖書のなかの一節《せつ》を暗誦《あんしょう》させました。母は聖書の美《うつく》しい詩的《してき》な節を暗誦させたといいます。母と子どもたちは、その土地の農民たちと親《した》しく生活していました。出産《しゅっさん》のあとに、高熱を出して寝《ね》ている母のそばで、パールがとほうにくれていると、中国人の農婦《のうふ》がやってきて薬草《やくそう》を煮《に》たスープをさしだしました。それを飲《の》んだところ、一晩《ひとばん》にしてウソのように熱が下がったこともありました。

パールは中国の小学校で勉強をして、英語より先に中国語を覚《おぼ》え、毛筆《もうひつ》で漢字を書くことができました。十八歳《さい》のときに、アメリカの学校へはいりました。そこでは「西洋人の中にはいっておずおずとしている東洋人だった」と述懐《じゅっかい》しています。

大学を卒業すると中国にもどり、南京《なんきん》大学教授《きょうじゅ》のジョン・L・バックと結婚《けっこん》したのでした。

愛《あい》と絶望《ぜつぼう》

（……おかしいわ。この子は口をきかない……）

パールが子どもの成長《せいちょう》について疑《うたが》いを感じたとき、キャロルは三歳になっていました。それから、娘の発達《はったつ》について相談するために、南京《なんきん》からアメリカ人医師のいる上海《シャンハイ》まで、月に一度の旅を続けることになりました。

診断《しんだん》の結果《けっか》、キャロルは知能《ちのう》の発達《はったつ》が止まっていました。原因も治《なお》す方法もわからない、と医師《いし》は言うのです。失意《しつい》のうちにも、パールはなんとか希望を見いだそうとしました。

キャロルを抱《だ》いて汽車《きしゃ》にゆられるたびに、パールは、お金がほしいと思いました。上海の病院に行くための旅費《りょひ》、子どもの治療費《ちりょうひ》、それにふつうの人と同じように働《はたら》けないかもしれない子どもの将来《しょうらい》のために、たくさんのお金がどうしても必要だと思われました。パールは、アメリカの新聞や雑誌《ざっし》に中国に関《かん》するエッセイを投稿《とうこう》し、その賞金を旅費にあてました。

日清《にっしん》戦争、義和団《ぎわだん》の乱《らん》、辛亥革命《しんがいかくめい》……十九世紀末《せいきまつ》から二十世紀はじめにかけて、中国は清王朝《しんおうちょう》が崩壊《ほうかい》する動乱《どうらん》の時代でした。中国人地主《じぬし》や外国人を憎《にく》んだ国民党軍《こくみんとうぐん》が、七人の外国人を殺《ころ》し南京《なんきん》を占領《せんりょう》したのは、一九二七年三月のことです。

上海《シャンハイ》にのがれたパールは、そこからさらに、中国の内乱《ないらん》をさけて日本の雲仙《うんぜん》（長崎県）に来て、夏を過《す》ごしました。知恵遅《おく》れの娘《むすめ》について悩《なや》むパールは、しばらくの間、美《うつく》しい日本の自然と親切な人々のなかで、心をいやしました。

パールは、子どもの教育にすべてを注《そそ》いでいました。ある日、偶然《ぐうぜん》にも手をとって字を教えようとしたときに、キャロルが手にびっしょりと汗《あせ》をかいていたのです。おどろいて両手

を取ると、両の掌《てのひら》が汗でぬれていました。

キャロルは字を理解《りかい》していませんでした。きびしい訓練《くんれん》が、キャロルを幸《しあわ》せにしていなかったのです。キャロルは八歳《さい》になっていました。パールは、ありのままを受けいれようと心に誓《ちか》いました。

「さあ、遊《あそ》びに行きましょう」

とパールはいいました。キャロルの顔がパッと明るくなりました。

絶望的《ぜつぼうてき》な現実を見つめるところから、パールは歩《あゆ》みだしました。

作家として

パールは南京《なんきん》の家で『大地《だいち》』を書きはじめました。貧《まず》しい農夫・王龍《ワンロン》を主人公に、中国の大地にたくましく生きる家族の姿《すがた》を描《えが》いた大河《たいが》ドラマです。清《しん》の時代が終わろうとしている激動《げきどう》の中国が舞台《ぶたい》です。中国の大地の、広大さ、あたたかさ、過酷《かこく》さと、そこに生きる人たちを生き生きした感情をともなって描くことができたのは、パール自身が中国の大地に育《はぐく》まれたからにほかなりません。

物語には梨花《リホウ》という心の優《やさ》しい女の人が登場します。梨花が、王龍《ワンロン》の障害《しょうがい》をもった娘《むすめ》と孫《まご》の面倒《めんどう》をみつづけるのは、娘の幸《しあわ》せを願《ねが》うパールの気持ちのあらわれでしょう。

一九三〇年、パールはアメリカのニュージャージー州に、キャロルが一生を幸福《こうふく》に暮《く》らせる施設《しせつ》を見つけました。アメリカ中をさがして、子どものことを第一に考えてくれる施設長と出会うことができたのです。

母と子は、はじめて別れて暮《く》らすことになりました。娘の幸《しあわ》せと、心の平安を求めてながい旅をしてきたのです。

一九三一年、アメリカで『大地』が出版《しゅっぱん》されると、二十一ヵ月間ベストセラーを続け、三十ヵ国以上の言葉に翻訳《ほんやく》されました。

パールは離婚《りこん》し、再婚《さいこん》しました。そして、フィラデルフィアの新居《しんきょ》で精力的《せいりょくてき》に書きつづけました。

『母の肖像《しょうぞう》』『戦《たたか》える使徒《しと》』などのすぐれた小説《しょうせつ》を次々に発表し、一九三八年、世界の最高の栄誉《えいよ》である、ノーベル文学賞《ぶんがくしょう》を受賞《じゅしょう》しました。

「私《わたし》を文学の道に入らせたのは、障害《しょうがい》をもった私の娘《むすめ》でした。次々に入賞するような作品を書くことを教えてくれたのも、この娘でした。娘が私にノーベル賞をくれたのです」と語っています。

パールはこういっています。

《中国人は子供《こども》を自分たち自身のために愛《あい》すると同時に、それを遥《はる》か越《こ》えたもののためにも子供たちを愛します。子供は人の生命の続いてゆくことを意味し、しかも人の生命は素晴《すば》らしい貴重《きちょう》なものだ、と彼等《かれら》は考えているのです。》(『母よ嘆《なげ》くなかれ』 松岡久子訳 法政大学出版局)

キャロルへの愛は、すべての子どもたちへの愛へと、大きく翼《つばさ》を広げました。パール自身の子どもは一人でしたが、七人の養子《ようし》を育てました。

『東西協会』や、混血児《こんけつじ》のための『ウェルカム・ハウス』の設立《せつりつ》につくすなど、社会事業にうちこみました。

見えない聞こえない話せないを乗りこえた
ヘレン・ケラー
——先生の愛《あい》が心の目を開かせた

ヘレン・ケラー

（1880〜1968）

社会福祉《ふくし》事業家・著述家《ちょじゅつか》

アメリカ・アラバマ州《しゅう》の富豪《ふごう》の長女として生まれる。生後《せいご》19ヵ月のときの発熱が原因で、盲聾唖《もうろうあ》となった。

6歳《さい》のときから、アン・サリバン女史《じょし》の教育を受け、19歳で盲人《もうじん》としては世界で初《はじ》めて、名門《めいもん》ハーバード大学の女子部ラドクリフ大学の入学試験《しけん》に合格《ごうかく》。

卒業後、盲人《もうじん》の職業《しょくぎょう》教育、点字《てんじ》の統一《とういつ》と普及《ふきゅう》、盲人図書館の創立《そうりつ》などに力をつくし、身体障害者《しんたいしょうがいしゃ》の福祉改《ふくしかい》善《ぜん》をうったえ、世界各地《かくち》で講演《こうえん》をした。日本にも3回おとずれている。電話を発明したベル博士《はかせ》とは、生涯《しょうがい》交友を続けた。著書《ちょしょ》に『わたしの生涯《しょうがい》』などがある。

「光をください」

「ワーワー」

ヘレン・ケラーが声を発《はっ》します。生後《せいご》十九ヵ月で熱病にかかり、視覚《しかく》と聴覚《ちょうかく》を失《うしな》い、口がきけなくなっても、ただ一つだけ覚《おぼ》えていた「ウォーター（水）」というコトバなのです。

しかし、五年の歳月《さいげつ》の間に、ヘレン自身《じしん》にもコトバと意味が結《むす》びつかなくなっていました……。

ヘレンは、パンが欲《ほ》しいときには、パンをナイフで切り、バターをつけるマネをします。

「来て」は、相手の手を引っぱります。自分の欲求《よっきゅう》はなんとか表現するのですが、病気で盲《もう》聾唖《ろうあ》になって以来、親《した》しい人とコトバを交《か》わすことができないまま、わがままな子どもに育っていました。要求《ようきゅう》が通らないと、何時間でも床《ゆか》にひっくり返って泣《な》きわめき、あたりのものを壊《こわ》します。両親は、ヘレンに教育が必要《ひつよう》だと痛切《つうせつ》に感じていました。

ヘレンは孤独《こどく》でした。光も音もない閉《と》ざされた世界で、人と人とのあたたかい心の交流も知らずに、一番苦しんでいたのは、他ならぬヘレンでした。

「光を！　光をください」ヘレンは叫《さけ》んでいたのです。

サリバン先生

ヘレンが六歳《さい》の三月三日。その日は、朝からあわただしい空気がはりつめ、なにか変わったことがありそうでした。ヘレンは、玄関《げんかん》につづく階段《かいだん》に腰《こし》かけていました。馬車が家の前に止まり、若い女性が馬車から降《お》りてきました。ヘレンの家庭教師として、ケラー家に招《まね》かれたアン・サリバンです。サリバンは二十一歳。目に障害《しょうがい》があり、手術《しゅじゅつ》によって奇跡的《きせきてき》に失明《しつめい》をまぬがれた経験《けいけん》から、障害のある子どもの教育に一生を捧《ささ》げようと志《こころざ》した理知的《りちてき》で、意志《いし》の強い女性でした。

サリバンは、健康《けんこう》で利口《りこう》そうな金髪《きんぱつ》のヘレンが、一目《ひとめ》で好《す》きになりました。手を伸《の》ばし、抱《だ》きしめるとヘレンは暴《あば》れて、腕《うで》の中から逃《に》げ去《さ》りました。サリバンは、弾《はず》むような、力強い生命の感触《かんしょく》にびっくりしました。

翌日、サリバンはプレゼントの人形を手渡《てわた》しました。しばらく人形で遊《あそ》んでいるヘレンを見守り、それから手を取って、ゆっくりと掌《てのひら》に「D—O—L—L」と人形のスペルをつづりました。

ヘレンはこの遊びがすっかり楽しくなり、一つ覚《おぼ》えては、母親に自慢《じまん》し、喜《よろこ》びを伝えたくて友だちの老犬《ろうけん》に字を教えます。それから毎日、いくつかの字を覚えました。

「W—A—T—E—R」

しかし、古い人形も新しい人形も、同じ「DOLL」であることがわからず、「MUG《マグ》(茶《ちゃ》碗《わん》)」に入った「WATER(水)」の、MUGとWATERの区別《くべつ》がつきません。

サリバンは、新しい人形と古い人形を持ちだし、同じ人形だとわからせるために、根気《こんき》よく何度も何度も掌《てのひら》につづってみせました。ヘレンはかんしゃくを起こして、人形を床《ゆか》に投げつけ、たたき壊《こわ》してしまいました。

サリバンは気分を変えることにし、ヘレンを散歩《さんぽ》にさそいました。

サリバンはヘレンを井戸小屋《いどごや》に導《みちび》きます。

スイカズラの香《かお》りにおおわれた井戸小屋は、しっとりとした空気でヘレンを包《つつ》みました。

サリバンは、ヘレンの手を井戸のポンプの水の出口にもっていきました。冷たい水がヘレンの手にかかります。サリバンは、もう一方のヘレンの手に字をつづりました。

「W―A―T―E―R」

ゆっくりと、次にはやく。冷たい水の感触《かんしょく》が、ヘレンの手から全身《ぜんしん》に伝わってきます。

戦慄《せんりつ》が走りました。

「ゥワーゥワー……、ゥワーゥワー……」

ヘレンの口からコトバがもれました。ヘレンの手を流れるものと、コトバが一致《いっち》し、ヘレンの魂《たましい》を目覚《めざ》めさせたのです。

ヘレンの心は光にあふれ、希望に輝《かがや》きだしました。手にふれるものすべてが、名前をもち、意味をもってヘレンに語りかけてきます。

家に帰ると、ヘレンはたたきつけた人形のことを思いだし、手探《てさぐ》りで破片《はへん》を拾《ひろ》い集めました。生まれてはじめて、後悔《こうかい》と悲しみの念《ねん》におそわれ、涙《なみだ》があふれでてきました。

人間らしい思いやりが、ヘレンの心に芽《め》ばえたのです。サリバンの愛情《あいじょう》によって、ヘレンの魂《たましい》が生命《いのち》を吹《ふ》きこまれた日——その

晩《ばん》、ヘレンははじめて自分から先生の腕《うで》の中にとびこみ、キスをしました。サリバンの胸《むね》は、愛《あい》と喜《よろこ》びではちきれそうでした。

「愛《あい》ってなに？」

ヘレンはもっと深く知りたいと思いました。スミレをつんでサリバンのところへ持っていったヘレンに、サリバンはそっと手をまわしました。掌《てのひら》に字を書きます。

「ヘレン、あなたを愛《あい》しています」

「愛ってなあに？」

サリバンはヘレンの手を胸《むね》に持っていきました。心臓《しんぞう》がドキドキしています。まだヘレンは、手にふれることができるもの以外は理解できませんでした。

ヘレンがビーズを使って数遊《かずあそ》びをしていました。大きなビーズ二つのあとに、小さなビーズを三つ並《なら》べていました。ときどきまちがえるヘレンをサリバンは根気《こんき》よく見守ります。ヘレンがどう並べたらいいのか考えていた、そのときです。サリバンがヘレンの額《ひたい》に指《ゆび》でスペルをつづりました。

「T―H―I―N―K」

ヘレンははっとしました。いま、自分の頭の中で起こっている働《はたら》きをさすことばでした。手にふれることができない〝働き〟にも呼び名があるのです。

ふたたびヘレンがサリバンに問いかけました。

「愛《あい》ってなんですか?」

「愛は手にふれることができないけれど、降《ふ》りそそぐやさしさは感じることができるのよ。愛がなければ幸《しあわ》せではないわ。遊《あそ》びたくもなくなってしまうでしょう」

掌《てのひら》の中の会話はつづくのでした。

ヘレンとサリバンのたゆみない努力によって、ヘレンはハーバード大学に入学、優秀《ゆうしゅう》な成績《せいせき》で卒業《そつぎょう》しました。また、発声の訓練《くんれん》により、話すこともできるようになり、身体障害《しんたいしょうがい》者《しゃ》の福祉《ふくし》について講演《こうえん》を行ない、全米《ぜんべい》をまわりました。

一九三六年、サリバンがヘレンに捧《ささ》げきった生涯《しょうがい》を終《お》えたとき、ヘレンは人のために生きる崇高《すうこう》な愛《あい》を知ったにちがいありません。

一九四八年、来日《らいにち》したヘレン・ケラーは日本各地で講演《こうえん》し、その神の愛に照《て》らされた笑顔《えがお》と、自信に満《み》ちた態度《たいど》で、敗戦《はいせん》で打ちひしがれた人々の心に希望と勇気を与《あた》えました。これが契機《けいき》となって、わが国の身体障害者福祉法《しんたいしょうがいしゃふくしほう》が制定《せいてい》され、障害者雇用法《こようほう》の制定も促進《そくしん》されました。

子どもたちにも愛《あい》された「手まり上人《しょうにん》」

良寛《りょうかん》

――感謝《かんしゃ》が人を変える

良寛（りょうかん）

（1758～1831）

江戸後期《えどこうき》の禅僧《ぜんそう》

越後《えちご》（現・新潟県《にいがたけん》）の名主《なぬし》・山本家に生まれる。

18歳《さい》で曹洞宗光照寺《そうとうしゅうこうしょうじ》にて出家得度《しゅつけとくど》する。

備中《びっちゅう》（現・岡山県）の円通寺《えんつうじ》で修行《しゅぎょう》をする。

全国を行脚《あんぎゃ》し39歳ごろ、故郷《こきょう》の出雲崎《いずもざき》に帰る。国上山《くがみやま》の五合庵《ごごうあん》に住《す》む。長年住んだ五合庵をはなれ、59歳で乙子《おとご》神社の庵《いおり》に移《うつ》り住む。

1826年、三島郡島崎の木村家の草庵《そうあん》に移る。

69歳で貞心尼《ていしんに》と会う。貞心尼はこのとき29歳。

1830年、病《やまい》に倒《たお》れ貞心尼が看病《かんびょう》に通う。翌年島崎にて遷化《せんげ》（死去《しきょ》）する。

「ありがたい、ありがたい」

渡《わた》し船が地蔵堂《じぞうどう》から対岸《たいがん》の村の渡し場にむかって、静かにすべり出しました。うららかな日の光を反射《はんしゃ》して、越後《えちご》（現在の新潟県《にいがたけん》）を流れる信濃《しなの》川の支流《しりゅう》西川の川面《かわも》はキラキラと輝《かがや》いています。渡し船に乗った良寛《りょうかん》は、川をわたるさわやかな風に吹《ふ》かれながら、目を細めて、風が起こすさざ波《なみ》のきらめきを見つめていました。

川の中ほどまで来たとき、なにを思ったのか、船頭《せんどう》が激《はげ》しく船をゆさぶりました。

「これは、これは……」

おどろいて、船のへりをつかもうとしたとたん、良寛《りょうかん》は、水中へドボン！

泳げない良寛は、もがき苦しんでおぼれそうになりました。船頭《せんどう》が、村の人や子どもたちから慕《した》われている良寛をねたんで、（ひとつ怒らせてやろう）、とわざと川へ落としたのです。

（いいきみだ）と思ったのも束《つか》の間《ま》――。良寛のようすがただごとでないので、船頭はあわてて櫂《かい》をさし伸《の》ばし、船べりから身を乗りだして良寛を引きあげました。

「ああ、ありがたい、ありがたい」

と、濡《ぬ》れねずみになった良寛は、船頭《せんどう》にむかって、手を合わせました。

「このご恩《おん》は一生忘《わす》れませんよ。おまえさんが助けあげてくれなかったら、私《わたし》はおぼれ死んでいたかもしれない……」

つゆほども船頭を疑《うたが》わずに感謝《かんしゃ》している良寛を前にして、船頭は自分のことが恥《は》ずかしくなりました。

川向こうの渡《わた》し場に着くと、また良寛は船頭にお礼を言って岸に上がり、合掌《がっしょう》して立ち

去りました。

その日の仕事を終《お》えた船頭《せんどう》は、良寛《りょうかん》が住んでいる国上山《くがみやま》の五合庵《ごごうあん》をたずねて、昼間のことをあやまりました。このときから、ならず者の船頭は、すっかり心を入れかえて、善《ぜん》人《にん》になったということです。

良寛は、人にお説教《せっきょう》をしたりしませんでした。しかし、おおらかで邪心《じゃしん》のない和尚《おしょう》といっしょにいるだけで、人々は心が清《きよ》められ、行ないを改《あらた》めました。

子どもと遊《あそ》ぶ

「良寛《りょうかん》さまー、良寛さまー。遊ぼう！」

良寛が村々を歩くと、子どもたちがかけよってきて、良寛の袖《そで》にまつわりつきます。良寛の衣《ころも》の袖には、いつも手まりとおはじきが入っていたからです。良寛は子どもが大好《だいす》きで、托鉢《たくはつ》（修行《しゅぎょう》のために人からほどこしを受けて回ること）の道すがら、まりつきやおはじき、かくれんぼをして子どもたちと遊びました。

良寛を見つけた子どもたちから、

「良寛さま、一貫《かん》、二貫……」

と声があがることもありました。

すると、良寛はかけ声がかかるたびに後ろにそり返り、しまいにはひっくり返ります。

村のせり市《いち》をのぞいた良寛《りょうかん》が、「一貫《かん》」「二貫」というセリのかけ声を聞いて、値段《ねだん》の高いのにびっくりして、後ろにそり返ってしまったことがありました。これを見ていた子どもたちが、おもしろがってはやし立てたのがこの遊《あそ》びの始まりです。良寛は後ろにそり返るのがたいへんだったようですが、子どもたちが、はしゃぐのを見るとうれしくなってつい、いっしょになって遊んでしまうのでした。

ある人が「どうしてそんなに子どもが好《す》きなのですか」とたずねると、良寛は、「子どもは、無邪気《むじゃき》でいつわりがないから好きなのじゃ」と答えました。

遊びのなかでも、良寛はまりつきが得意《とくい》で、子どもたちに囲《かこ》まれると、衣《ころも》の袖《そで》から二個《こ》、三個とぜんまいのワタに糸を巻《ま》きつけてきれいな刺繍《ししゅう》をしたまりを取りだし、歌をうたいながらまりつきを始めるのでした。

霞《かすみ》たつ　ながき春日《はるひ》に　子供《こども》らと　手毬《てまり》つきつつ　この日暮《ひく》らしつ

子どもたちと時のたつのを忘れて遊《あそ》ぶ良寛《りょうかん》を、いつしか村の人たちは手まり上人《しょうにん》と呼ぶようになりました。

みずみずしい心

一七五八年、江戸《えど》時代の後半、良寛は越後《えちご》の出雲崎《いずもざき》の名主《なぬし》、山本家の長男として生まれました。幼名《ようみょう》を栄蔵《えいぞう》といいます。良寛が十歳ごろ、田沼意次《たぬまおきつぐ》が老中《ろうじゅう》となり、二十年にわたって政治《せいじ》の実権《じっけん》をにぎりました。その間、ワイロがはびこり政治は腐敗《ふはい》しきっていました。寺もまた、お坊《ぼう》さんとして偉《えら》くなるためには、贈《おく》り物をしなければならないような風潮《ふうちょう》でした。それがイヤで、良寛は、生涯《しょうがい》、寺をもつことなく過《す》ごしたともいわれています。

十八歳で出家《しゅっけ》した良寛は、二十二歳のときに越後をおとずれた国仙《こくせん》という名僧《めいそう》の弟子になって備中《びっちゅう》（現在の岡山県）の円通寺《えんつうじ》できびしい修行《しゅぎょう》をつみました。国仙からすぐれた僧に与《あた》えられる印可《いんか》をさずかり、九州や四国を行脚《あんぎゃ》したあと、三十九歳ごろようやく故郷《こきょう》に帰り、小さな庵《いおり》に住んで托鉢《たくはつ》をして暮《く》らしました。

良寛《りょうかん》は貞心尼《ていしんに》という弟子《でし》にめぐまれました。良寛は、貞心尼のよむ歌に、仏《ほとけ》の道を歌でこたえました。

つきてみよ　ひふみよ　いむなや　ここのとを　十とをさめて　また始まるを

病気になった良寛は、かけつけた貞心尼によびかけます。

いついつと　待ちにし人は　来《きた》りけり　今はあひ見て　何か思はむ

良寛は七十四歳で亡《な》くなるまで、みずみずしい童心《どうしん》をもちつづけました。良寛の残《のこ》した自然でおおらかな和歌《わか》や書が、今日《こんにち》にそれを伝えています。

第4章

みんなの役に立つ発見

野口英世《のぐちひでよ》

マリー・キュリー

エジソン

やけどの治療《ちりょう》に感動《かんどう》して医師《いし》を志《こころざ》した

野口英世《のぐちひでよ》

――人類《じんるい》のために病原菌《びょうげんきん》とたたかう

野口英世（のぐち・ひでよ）

（１８７６～１９２８）

細菌学者《さいきんがくしゃ》

福島県耶麻郡翁島村《やまぐんおきなじまむら》に、父・野口佐代助《さよすけ》、母・シカの長男として生まれる。

１９歳で上京《じょうきょう》、医師《いし》開業試験《しけん》に合格《ごうかく》する。順天堂《じゅんてんどう》病院助手、伝染病《でんせんびょう》研究所助手をつとめる。英世《ひでよ》と改名《かいめい》。

２４歳でアメリカに渡《わた》る。いくつかの研究機関《きかん》の助手を経《へ》て、ロックフェラー医学研究所に入る。

３４歳で梅毒《ばいどく》スピロヘータの純粋培養《じゅんすいばいよう》に成功《せいこう》。翌年、メリー・ダージスと結婚《けっこん》する。１９１５年に帰国《きこく》。

１９１８年、黄熱病《おうねつびょう》の研究のためにエクアドルへ。

１９２８年、アフリカのガーナで亡《な》くなる。

「てんぼう、びんぼう」

早春《そうしゅん》の夕暮《ゆうぐ》れが、磐梯富士《ばんだいふじ》（福島県）の雪を薄紅《うすくれない》に染《そ》めます。冷たい風が猪苗代湖《いなわしろこ》をわたっていきました。野菜を取りに出たシカは、家に向かう歩みをはやめました。

とそのとき、ただならぬ子どもの泣《な》き声におどろいて駆《か》けこむと、囲炉裏《いろり》にかけた大鍋《おおなべ》がかたむき、清作《せいさく》（後《のち》の野口英世《のぐちひでよ》）が炉《ろ》に転《ころ》げおちて泣いています。清作を灰《はい》の中から拾《ひろ》いおこすと、左手はにぎりしめたまま焼《や》けただれていました。医者《いしゃ》に診《み》せることもできない貧《まず》しさです。シカは当時の習《なら》わしにしたがって、清作《せいさく》の手に味噌《みそ》をすりこんで、布を巻《ま》きつけました。清作が一歳《さい》半の出来事でした。

「かんのんさま、どうか清作の火傷《やけど》を治《なお》してください」

シカは奥羽三観音《おううさんかんのん》のひとつ、会津《あいづ》の中田観音に願《がん》をかけました。おさないころから、うれしいときも悲しいときも手を合わせつづけてきた観音さまです。

母シカは、農業と産婆《さんば》の手伝いをしていました。誠実《せいじつ》な努力の人でした。父・佐代助《さよすけ》はお酒が好きであまり働《はたら》かなかったので、暮《く》らしはいっこうに豊《ゆた》かになりませんでした。

清作《せいさく》の生まれた明治《めいじ》のはじめごろは、日本全体がまだ豊かでありませんでした。世界的には、コレラが大流行《だいりゅうこう》していました。その後、ドイツのコッホが、結核菌《けっかくきん》につづいてコレラ菌を発見するなど、細菌学《さいきんがく》の時代にはいりました。

「やーい、てんぼう、びんぼう」

学童《がくどう》たちがはやし立て、小学校の行き帰りに清作の横をすり抜《ぬ》けていきます。くやし涙《なみだ》を

こらえ、唇《くちびる》をかんだ清作《せいさく》でしたが、ぐんぐんと成績《せいせき》を上げ、勉強ではだれもかなう者がいなくなりました。

このころは、義務教育の尋常《じんじょう》小学校を終《お》えると、家業《かぎょう》の手伝いをする子どもがほとんどでした。清作のずば抜《ぬ》けた頭の良さとねばり強さを見いだした、小林栄《さかえ》先生の援助《えんじょ》で、清作は高等小学校（現在の中学校）に進学することになりました。

つづり方（作文）の授業《じゅぎょう》のとき、清作はこれまで「てんぼう」とからかわれてきた悔《くや》しさ、悲しさをたたきつけ、それでも力強く生きる決意の作文を朗読《ろうどく》しました。作文は学校

中の共感《きょうかん》を呼び、先生や級友《きゅうゆう》たちが費用《ひよう》を出しあって、清作《せいさく》の火傷《やけど》の手術《しゅじゅつ》が実現《じつげん》しました。すりこぎのようにひとつに固《かた》まっていた指《ゆび》が、一本一本切りはなされ、どうにか左手で物がつかめるようになったのです。

清作は医学《いがく》のすばらしさ、尊《とうと》さに感動して、医師《いし》になることを志《こころざ》しました。

そのころ、ドイツでコッホに師事《しじ》した北里《きたざと》柴三郎《しばさぶろう》が帰国《きこく》して伝染《でんせん》病《びょう》研究所を設立《せつりつ》しています。

手術《しゅじゅつ》をした会津若松《あいづわかまつ》の渡部鼎《かなえ》医師のもとに門下生《もんかせい》として住みこみました。渡部医師の書斎《しょさい》には、ドイツ語、フランス語、英語で書かれた原書《げんしょ》が並《なら》んでいます。清作《せいさく》はこれらをむさぼり読み、力をつけていきました。

日中は医師宅《いしたく》の雑用《ざつよう》に走りまわり、夜は眠《ねむ》るのを惜《お》しんで勉学にはげみました。「ナポレオンは三時間しか眠らない」というのが清作の口癖《くちぐせ》でした。渡部医師の友人で、東京の歯科《しか》医《い》の血脇守之助《ちわきもりのすけ》と出会ったのはこのころです。

上京《じょうきょう》して、医師開業試験《しけん》に合格《ごうかく》。そして、清作は研究医になることをめざして、細菌学《さいきんがく》の北里柴三郎《きたざとしばさぶろう》の伝染病《でんせんびょう》研究所に籍《せき》を置《お》きました。目標に向かって、がんばってきた清作でした。しかし、大学出《で》の研究員がひしめきあう中で、独学《どくがく》でがんばってきた自分の活躍《かつやく》するチャンスなど、永遠《えいえん》にやってきそうにもありません。そこで、思いきって名を〝英世《ひでよ》〟と改《あらた》め、アメリカへと発《た》ったのです。二十四歳《さい》のときでした。

英世には、勤勉《きんべん》な母の性質《せいしつ》と、お酒の好きな父の性質が同居《どうきょ》していました。お酒におぼれて借金《しゃっきん》を重ねています。しかし、母や小林先生、渡部医師《いし》、血脇《ちわき》医師たちは、英世がどんな状態《じょうたい》にあろうとも、見捨《みす》てることなく支《ささ》えつづけました。

成功《せいこう》、そしてアフリカへ

実力を重んじるアメリカで、英世《ひでよ》は水を得《え》た魚のように、生き生きと研究に没頭《ぼっとう》しました。

そのころ、梅毒《ばいどく》は人類《じんるい》の最大の悩《なや》みでした。いまのエイズと同じように、恐《おそ》れられ、梅毒の究明《きゅうめい》と治療法《ちりょうほう》の確立《かくりつ》を、世界中の人が待ちのぞんでいました。

一九一一年、英世は梅毒病原菌《ばいどくびょうげんきん》トレポネーマ・パリズム（スピロヘータ）の純粋培養《じゅんすいばいよう》に成《せい》功《こう》しました。世界ではじめての成功です。

研究者として大きく花開いた英世は、アメリカ人のメリー・ダージスと結婚《けっこん》しました。結婚後、英世の仕事はもう一つの大きな成功《せいこう》をおさめました。

「メリー、見つけたぞ！　喜《よろこ》んでくれ。ついにトレポネーマ・パリズムが見つかったんだ！」

英世はメリーが眠《ねむ》っている寝室《しんしつ》にとびこんで、喜びの叫《さけ》びをあげました。おどろいて目をさましたメリーを抱《だ》きしめて、

「麻痺性痴呆《まひせいちほう》の患者《かんじゃ》の脳《のう》の中に、梅毒《ばいどく》の病原体《びょうげんたい》を見つけたんだ――」

麻痺性痴呆は、梅毒によって脳がおかされ、症状《しょうじょう》がでるといわれていました。しかし、

まだ、だれも脳《のう》のなかに病原菌《びょうげんきん》を発見した人はいなかったのです。

英世《ひでよ》は、精神《せいしん》病院で亡《な》くなった麻痺《まひ》性痴呆《せいちほう》の患者の脳からとりだした切片《せっぺん》を染《そ》めだしたものを、顕微鏡《けんびきょう》で調べる気の遠くなるような作業をやりとげたのです。

英世は、脳標本《のうひょうほん》をドイツのホフマンに送って、菌《きん》はトレポネーマ・パリズムであることを確認《かくにん》しました。このニュースは日本にも伝わってきました。

一九一五年、英世は日本の学士院《がくしいん》から恩賜賞《おんししょう》を授賞《じゅしょう》。《ハハミタシ　ニホンカエル》の電報を、親友の星一《ほしはじめ》（作家の星新一《しんいち》のお父さん）に打って、十五年ぶりに帰国《きこく》しました。なつかしい母や小林栄《さかえ》先生と、会津《あいづ》の中田観音にお参《まい》りしました。

英世を見守り育ててくれた人たちが、あたたかくむかえてくれました。

英世はアメリカにもどり、世界各地で流行していた黄熱病《おうねつびょう》の研究に取りかかりました。研究のため、アフリカにおもむき、黄熱病にたおれました。

ニューヨーク、ウッドローンにある英世の墓《はか》にはつぎのように記《しる》されています。

『野口英世《のぐちひでよ》、一八七六年十一月二十四日、日本猪苗代《いなわしろ》に生まれる。一九二八年五月二十一日、アフリカのゴールドコースト（黄金海岸）に死《し》す。ロックフェラー医学《いがく》研究所正員、その努力は科学のためにささげつくされた。人類《じんるい》のために生きた彼は人類のために死んだ』

ときは、ウイルス研究が大きく発展《はってん》する時代をむかえていました。

ラジウムの発見者

マリー・キュリー

——夫とともに燃《も》やしつづけた向学心《こうがくしん》

祖国愛《そこくあい》

ジリリリ、ジリリリリ、リリリッ、リリッ。

ロシアの視学官《しがくかん》（教育の状況《じょうきょう》を見まわる役人）が来たことを告《つ》げるベルが鳴《な》りました。子どもたちは、いっせいに、ポーランド語の歴史の本を閉《と》じました。

視学官が教室に入ってきてあたりを見渡《みわた》し、先生に言いました。

「だれか生徒《せいと》を指名《しめい》してくれ」

マリー・キュリー

（1867～1934）

物理学者《ぶつりがくしゃ》・化学者《かがくしゃ》

中学校理科教師の末娘《すえむすめ》として、ポーランドのワルシャワに生まれる。1895年ピエール・キュリーと結婚《けっこん》。

1903年、夫妻《ふさい》でノーベル物理学賞受賞《ぶつりがくしょうじゅしょう》。

夫の死後《しご》も研究を続け、1911年、ノーベル化学賞受賞。その後《ご》ラジウム研究所の創設《そうせつ》に努力。第1次世界大戦中は、みずからX線治療車《ちりょうしゃ》を運転して、負傷兵《ふしょうへい》の救護《きゅうご》にあたった。

放射線障害《ほうしゃせんしょうがい》による悪性貧血《あくせいひんけつ》で、66歳で死亡《しぼう》。

研究を受け継《つ》いだ長女イレーヌとその夫ジョリオも、ノーベル化学賞を受賞。

「マリア・スクロドフスカ！」先生の声がひびきました。視学官《しがくかん》はおもむろに、「主《しゅ》の祈《いの》りを唱《とな》えてごらん」

マーニャ（マリー・キュリーの愛称《あいしょう》）は、完璧《かんぺき》なロシア語で主の祈りを唱えました。そのころ、ロシアの占領下《せんりょうか》にあったポーランドでは、自分たちの習慣《しゅうかん》にしたがってラテン語で祈りのことばを唱えることが許《ゆる》されなかったのです。

学校では、ポーランドの国語や歴史は隠《かく》れて学ばなければなりませんでした。

最後に制服の男はたずねました。

「われわれを統治《とうち》したまう方は、だれかね？」

マーニャは、顔をこわばらせて答えました。

「全ロシアの皇帝《こうてい》、アレクサンドル二世陛下《にせいへいか》」

視学官《しがくかん》は、うなずきながら満足げに教室から出ていきました。

十歳のマーニャは、くやしさのあまりドッと泣《な》きふしてしまいました。マーニャは、しっかりした学問を身につけ、祖国独立《そこくどくりつ》のためになれる人間になりたいと願《ねが》いました。

小学校・中学校とマーニャは一番の成績《せいせき》で卒業し、高校では成績優秀《ゆうしゅう》の金メダルを授与《じゅよ》されました。マーニャの夢《ゆめ》は、フランスのソルボンヌ大学で学問を修《おさ》めることです。マーニャの姉もまた、ソルボンヌ大学へ進んで、医者《いしゃ》になることを志《こころざ》していました。

夢を実現《じつげん》させるために、姉妹《しまい》は助けあいました。マーニャは住みこみの家庭教師をして、姉のブローニャに送金《そうきん》しました。ブローニャから《私《わたし》は医師試験《いししけん》を受けるまえに結婚《けっこん》します。あなたもパリへいらっしゃい》と手紙がきたとき、マーニャは二十四歳《さい》になっていました。

運命の出会い

パリは自由で活気にあふれていました。マーニャはソルボンヌ大学物理《ぶつり》学科に入学。姉の家をはなれ、ひとり屋根裏《やねうら》部屋を借《か》りて、勉強にはげみました。貧《まず》しくとも、学ぶことがうれしくてなりませんでした。この道を歩いていけば祖国《そこく》ポーランドのためになれる……。

パリでは、運命の出会いが待っていました。知人の家で物理学者のピエール・キュリーと出会いました。ピエールは、はにかみやの天才でした。マーニャはフランス人のピエールと結婚《けっこん》して、呼び名もマリー・キュリーとなりました。マリーは二十八歳《さい》、ピエール三十六歳でした。

ふたりは新婚《しんこん》旅行としてサイクリングに出かけました。

マリーは長いスカートをたくしあげてゴムでとめていました。ベルトには、小物をいれるポケットがついています。飾《かざ》らないふたりは自然を愛《あい》しました。

ふたりが結婚した一八九五年、ドイツのレントゲンがX線を発見し、世界中の科学者《かがくしゃ》の関心が放射線《ほうしゃせん》に集まっていました。

X線と名付けられた放射線は、やわらかい物質を通りぬけ、かたい物質は通りぬけない性《せい》質《しつ》をもっています。この性質を利用して、人間の身体にX線をあてて写真をとり、医療《いりょう》のためにX線写真が使われました。

キュリー夫妻《ふさい》の友人ベクレルが、ウランがX線によくにた放射線をだすことを発見していました。

マリーは、このウランがふくまれているピッチブレンドという鉱物《こうぶつ》の中に、もっと強い放《ほう》

射線《しゃせん》をもった物質があると確信《かくしん》したのです。マリーとピエールは、いっしょに研究をはじめました。ふたりはかけがえのない伴侶《はんりょ》でした。放射性《ほうしゃせい》物質を取りだす作業と研究は、四年も続けられました。

放射性物質を取りだすには、原料となる鉱《こう》石《せき》をつぶしてふるい、煮《に》て溶《と》かします。その間中かきまぜて水分を蒸発《じょうはつ》させます。残《のこ》った物質を、また溶かしてかきまぜるくりかえしの重労働《じゅうろうどう》です。

研究と作業の結果、あたらしい放射性元素《げんそ》を取りだすことに成功《せいこう》しました。ピエールの提案《ていあん》によって、祖国《そこく》ポーランドにちなんでポ

ロニウムと名付けました。ポロニウムを取りだしてなお、ピッチブランドは放射線《ほうしゃせん》を出しつづけます。もうひとつの新しい元素《げんそ》があるにちがいありません。ふたりは研究を続けました。

一九〇二年、ついにふたりは、試験管《しけんかん》の中で青い光を放《はな》つ〝ラジウム〟を目にすることができました。ふたりは、フランスの科学アカデミーに、新しい元素の発見を発表しました。この発見により、キュリー夫妻《ふさい》の名声《めいせい》は世界中にひろまり、夫妻はベクレルとともに、一九〇三年にノーベル物理学賞《ぶつりがくしょう》を受賞《じゅしょう》しました。

放射線《ほうしゃせん》は皮膚《ひふ》にあてるとあつくないのに、火傷《やけど》をしたようになります。ラジウムは、ガンを焼《や》き切る治療《ちりょう》に役立つことがわかりました。

夫妻《ふさい》は、人類《じんるい》の幸福《こうふく》のために、ラジウムの抽出法《ちゅうしゅつほう》を、特許《とっきょ》を取らずに無料で公開しました。マリーとピエールは研究の疲《つか》れをサイクリングでいやしました。まだ、放射線による身体への悪影響《あくえいきょう》がわかっていませんでした。

愛《あい》する夫《おっと》を失っても

受賞《じゅしょう》から三年後、ピエールは馬車にひかれて不慮《ふりょ》の死をとげました。夫の死後も、マリーは研究を続けました。マリーは、ピエールに語りかけながら、亡《な》き夫とともに研究をすすめたのではないでしょうか。

金属《きんぞく》ラジウムをつくることに成功《せいこう》して、一九一一年、ノーベル化学賞《かがくしょう》を受賞《じゅしょう》しました。二度の受賞の他にも、女性としてはじめてソルボンヌ大学教授《きょうじゅ》となるなど、女性の科学者として新しい扉《とびら》を次々と開いていきました。

世界の発明王

エジソン

――「天才とは九十九パーセントの努力と一パーセントの霊感《れいかん》である」

トマス・アルバ・エジソン

（１８４７～１９３１）

アメリカの発明家

アメリカ・オハイオ州《しゅう》で生まれる。鉄道ではたらき、列車の車内新聞を発行。１５歳のときに電信技術《ぎじゅつ》を習う。

１８６９年、ニューヨークで友人と電気技術と電信事務をあつかう会社をはじめる。

１８７０年２３歳で、ニュージャージー州に工場を建《た》てて発明に専念《せんねん》。タイプライター、電話、蓄音機《ちくおんき》、白熱《はくねつ》電灯など次々と発明する。

１８８２年、ニューヨークにエジソン電灯《でんとう》会社を創立《そうりつ》。映画、エジソン蓄電池《ちくでんち》を発明。その特許《とっきょ》は１３００以上あるという。

新聞売りの少年

南北戦争（一八六一年）の始まる前のことです。日本では江戸《えど》時代の終《お》わりごろでした。

アメリカのデトロイトから、田舎町《いなかまち》ポートヒューロンに鉄道が開通しました。

「新聞はいかが。リンゴにサンドイッチ、ピーナッツはいかが！」

「新聞をくれないか」

フロックコートに山高帽《やまたかぼう》の立派《りっぱ》な身なりの紳士《しんし》は、売り子の少年を呼びとめると、新聞を

全部取りあげ、ひとつ残《のこ》らず窓《まど》からほうり投げてしまいました。

「ニコデウス、少年に金を払《はら》ってやれ」

顎《あご》をしゃくるようにして、やはり立派《りっぱ》な服《ふく》装《そう》をした黒人の召使《めしつか》いに命《めい》じ、涼《すず》しい顔をしていました。

ふと見ると、今度は雑誌《ざっし》や食べ物を体より大きなカゴに山と積《つ》み、少年がニコニコと紳《しん》士《し》を見つめて立っています。紳士は前と同じように、窓《まど》から物を投げすてると、またたくさんのお金を少年に払《はら》いました。カゴが空《から》になってしまうと、少年はすり切れた帽子《ぼうし》をとり、決して上等とは言えない上着《うわぎ》やシャツを

すっかり脱《ぬ》いで、靴《くつ》まで順《じゅん》に並《なら》べました。また紳士《しんし》はお金を払《はら》い、そしてどなりました。

「ニコデウス、この子どももほうりだしてしまえ！」

裸足《はだし》の少年は、どっと笑《わら》いが巻《ま》きおこった車両《しゃりょう》の中を脱兎《だっと》のごとく逃《に》げだしました。

この十三歳の新聞売りの少年こそ、のちの発明王、トマス・アルバ・エジソンです。

トム（エジソンの愛称《あいしょう》）は、八歳《さい》のとき小学校にわずか三ヵ月行っただけでした。好奇心《こうきしん》が強く質問《しつもん》ばかりしているので、学校から追いだされてしまったのです。それ以来、教師の経験《けいけん》のある優《やさ》しいおかあさんが、根気《こんき》よくトムに勉強を教えました。おかあさんはトムのすぐれた創造力《そうぞうりょく》に気がつき、九歳のとき、R・G・パーカーの『自然科学《かがく》の学校』という本を与《あた》えました。これはエジソンがはじめて出会った科学の本です。勉強はたちまち楽しいゲームに変わり、家の地下室で、本に出ている実験をひとつずつ試《ため》していきました。

難聴《なんちょう》になる

十二歳になると、列車の中で、新聞の売り子をして苦しい家計《かけい》を助け、夜は実験に熱中しました。

ある日、列車に乗りおくれそうになったトムは、新聞の束《たば》を抱《かか》えたまま走りだしました。かろうじて、後部《こうぶ》ステップにつかまったものの、列車は徐々《じょじょ》にスピードを増《ま》し、またたく間《ま》にトムの小さな腕《うで》はしびれてきました。と、そのとき車掌《しゃしょう》がトムの両耳をつかんで車内に引きずりあげてくれました。ぐいと耳をつかまれたとき、頭の中でパチンとなにかが切れたような音がしました。このときからエジソンの難聴《なんちょう》は始まり、そのうちにほとんど聞こえなくなってしまいました。

「十三歳になってからというもの、わたしは小鳥のさえずる声を聞いたことがない」

数年後エジソンは日記に書いています。

列車の中で化学《かがく》実験をしていてボヤをだしてしまい、車掌《しゃしょう》になぐられたことや、ちいさいとき高熱をだしたことが重なりあって聞こえなくなったのでしょう。

それは悲しいことでしたが、ハンディにはなりませんでした。天性《てんせい》の明るさと茶目《ちゃめ》っけで多くの鉄道関係者からかわいがられ、一方でトムは以前より思慮《しりょ》深くなり、いっそう読書と研究に打ちこむようになりました。エジソンは難聴《なんちょう》というマイナスを大きなプラスに変えていったのです。

失敗《しっぱい》は成功《せいこう》のもと

エジソンの発明第一号は「電気投票記録器《とうひょうきろくき》」です。ボストンで電信技師《ぎし》として新聞社に電信を送っていたとき、議会《ぎかい》の票決《ひょうけつ》にかかる時間の膨大《ぼうだい》なことに気がついて、この機械《きかい》を思いついたのです。議員《ぎいん》が賛成《さんせい》か反対のボタンを押すとただちに投票数《とうひょうすう》が記録器に表示《ひょうじ》されます。しかしこの発明は失敗《しっぱい》でした。特許《とっきょ》を取り、勇《いさ》んで各州議会《かくしゅうぎかい》に持ちこんだのですが、「このような機械は政治《せいじ》のかけひきの役に立たない」と言われ相手にされませんでした。

この失敗からエジソンは、はっきりと「発明は世の中の役に立つものでなければならない」ことを学びました。一八六八年、二十一歳のときのことです。

ニューヨークに発明家として乗りこんでみたものの、エジソンは一文《いちもん》なしです。友だちに頼《たの》んで、勤《つと》め先である金相場《きんそうば》会社の電池室《でんちしつ》にとめてもらいました。日中はその会社の、金の相場を知らせる株式相場《かぶしきそうば》表示機を研究しました。

三日目に大音響《だいおんきょう》とともに、株式相場表示機が止まってしまいました。混乱《こんらん》した仲買人《なかがいにん》たちが、おしあいへしあいしているなか、エジソンは冷静《れいせい》に、表示機がこわれた原因を調《しら》べました。ネジの一つが歯車《はぐるま》の間に落ちていたことをつきとめ、ただちに修理《しゅうり》しました。

二時間後、相場《そうば》表示機はふたたび動きだしました。エジソンは金相場《きんそうば》会社に高給《こうきゅう》でむかえられました。エジソンは株式相場表示機の改良《かいりょう》に取り組みました。

エジソンの未来に明るいきざしが見えてきました。

議会《ぎかい》の票決《ひょうけつ》に使う投票記録器《とうひょうきろくき》は実用化《じつようか》されませんでしたが、このときの電磁石《でんじしゃく》の研究をもとにさらに発展《はってん》させ、万能通報印刷機《ばんのうつうほういんさつき》や多重《たじゅう》電信方式（一本の電線で二つ以上の電文を送る方法）を発明しました。

エジソンは、八十四歳でこの世《よ》を去《さ》るまで、蓄音機《ちくおんき》、白熱電灯《はくねつでんとう》、映画《えいが》、蓄電池などゆうに千三百を越《こ》える発明をしました。エジソンの発明は生活を便利《べんり》にしただけでなく、映画や蓄音機は芸術《げいじゅつ》や文化の幅《はば》をひろげ、人々の心を明るく幸福《こうふく》にしました。「天才とは九十九パーセントの努力と一パーセントの霊感《れいかん》である」という言葉通りの生涯《しょうがい》でした。

一九三一年十月、トマス・アルバ・エジソンの葬儀《そうぎ》の日の午後十時。アメリカでは、必要な信号用のもの以外すべての灯《ひ》は消されました。映画街《えいがかい》ブロードウェイは闇《やみ》に包《つつ》まれ、自由の女神《めがみ》のトーチの灯もエジソンの死《し》を悼《いた》んで消されました。電灯発明以前の暗闇《くらやみ》にもどりました。一分後、アメリカはふたたび灯をともし、輝《かがや》きはじめました。

その灯は、現代から未来へと続く灯でした。

第5章

新しいものを生みだす発想力《はっそうりょく》!

チャップリン
ウォルト・ディズニー
松下幸之助《まつしたこうのすけ》
ライト兄弟

笑《わら》いと涙《なみだ》のコメディアン
チャップリン
――笑いは幸運を招《まね》く

チャールズ・チャップリン
（1889～1977）
イギリス生まれの映画俳優《えいがはいゆう》

ロンドンで生まれる。父は歌手、母は女優《じょゆう》だった。

4歳《さい》で父を亡《な》くす。兄シドニーと劇団《げきだん》にはいり、フランス、アメリカなどを巡業《じゅんぎょう》。

1913年ハリウッドへ。ちょび髭《ひげ》のチャーリー誕生《たんじょう》。

みずから、脚本《きゃくほん》、監督《かんとく》、主演《しゅえん》をつとめ、『巴里《パリ》の女性《じょせい》』『黄金狂《きょう》時代』『街《まち》の灯《ひ》』などの映画《えいが》をつくる。

〝喜劇王《きげきおう》〟と呼ばれ、人気を博《はく》した。

1932年、世界一周の途中《とちゅう》、日本へ立ちよる。

1943年、ウーナ・オニールと結婚《けっこん》、八人の子どもに恵《めぐ》まれる。88歳でスイスの自宅《じたく》にて亡《な》くなる。

初舞台《はつぶたい》

チャーリー（チャールズ・チャップリンの愛称《あいしょう》）は、舞台《ぶたい》の袖《そで》に隠《かく》れるようにして、母ハンナの歌を聞いていました。とつぜん、ハンナの歌声が、かすれ声に変わりました。客席《きゃくせき》からはあざけり笑《わら》いと野次《やじ》がとびました。ハンナは、引っこまざるを得《え》なくなりました。

支配人《しはいにん》は、ハンナの代わりに、舞台《ぶたい》の袖《そで》にいたおさないチャーリーの手を引いて舞台に連れだし、置《お》きざりにしました。

まぶしいフットライトを浴《あ》びて、五歳《さい》のチャーリーは、思わずハンナがいつも歌っていた歌をうたいだしました。すると、客席《きゃくせき》から小銭《こぜに》がとんで来ました。

「お金を拾《ひろ》ってから、また歌います」

客席にむかって断《こと》わると、チャーリーは小さな身体《からだ》をこごめて、一所懸命《いっしょけんめい》に小銭を拾いました。観客《かんきゃく》はドッとわきました。

そこへハンカチを持った支配人《しはいにん》が現《あら》われ、いっしょになってお金を拾いはじめました。お金を巻《ま》きあげられるのかと思ったチャーリーは、大あわて。ちょこちょこと支配人のあとを追いかけます。必死《ひっし》のチャーリーがおもしろくて、客席はいっそうわきました。その晩《ばん》、イギリスのオールダーショットにある小さな劇場《こや》は、喝采《かっさい》であふれました。ハンナの失敗《しっぱい》をおぎなってあまりある喝采でした。

チャールズ・チャップリンがこの初舞台《はつぶたい》をふんだのは一八九四年、アメリカではエジソンの発明したキネトスコープ（映写機《えいしゃき》）が、ニューヨークで発表された年でした。

ハンナは喉《のど》の故障《こしょう》が治《なお》らず、女手《おんなで》ひとつの家庭はたちまち生活に困《こま》ってしまいました。舞《ぶ》台《たい》に立てなくなったハンナは、洋裁《ようさい》をして働《はたら》きました。ある日、ハンナはカゼをひいて寝《ね》ているチャーリーに聖書《せいしょ》を読んで聞かせ、一流のパントマイムでイエスの物語を演《えん》じて見せました。チャーリーは、感動のあまりハラハラと涙《なみだ》を流しました。小さなチャーリーの胸《むね》に、人間の永遠《えいえん》のテーマである〝愛《あい》〟の火がともされたのです。

チャーリーは家計《かけい》を助けるために、花屋から買ってきた花を小分《こわ》けにして道行く人に売りました。智恵《ちえ》を働《はたら》かせお金を稼《かせ》ぐことが小さなうちから身《み》についていました。

貧困《ひんこん》と母の病気のために、チャーリーと、四つ違《ちが》いの兄シドニーは孤児院《こじいん》に引きとられました。母が退院《たいいん》し、孤児院を出ると、チャーリーは劇団《げきだん》に入り、十九歳で一座《いちざ》の花形《はながた》コメディアンになっていました。しかし、それだけでは満足《まんぞく》できず、開拓者魂《かいたくしゃだましい》の盛《さか》んなアメリカでこそ自分の芸《げい》が発揮《はっき》できると考えていました。

宿無《やどな》しチャーリー誕生《たんじょう》

アメリカ巡業《じゅんぎょう》のチャンスがやってきました。巡業中にキーストン社からスカウトされたチャーリーは、いよいよ映画《えいが》の世界にとびこんだのです。

でも、ロサンゼルスの撮影現場《さつえいげんば》では、二十五歳《さい》のチャーリーの実力をだれもが疑《うたが》ってかかっているようでした。

「おい、なんでもいいから喜劇《きげき》の扮装《ふんそう》をしてこい」、監督《かんとく》がチャーリーに言いました。

黒いくせ毛の大きな頭に、小さな山高帽《やまたかぼう》をちょこんとかぶり、きつすぎる上着《うわぎ》にだぶだぶのズボン。ドタ靴《ぐつ》にステッキ、ちょび髭《ひげ》のいでたちでチャーリーが現《あら》われると、スタジオ中の人たちがチャーリーに注目《ちゅうもく》しました。

「よし、なんでもいいからやってみろ！」

チャーリーの扮装《ふんそう》に笑《わら》いながら、監督は大声で言いました。

チャーリーは、ホテルのロビーにいる想定《そうてい》で貴婦人《きふじん》の足にけつまずきます。振《ふ》りむいて、ヒョイと帽子《ぼうし》をつまみ上げて、ていねいにわびます。とたんに今度は、タンつぼにけつまずき、また同じようにあやまります。スタジオのあちこちから笑い声があがりました。

チャーリーはいきいきと演《えん》じました。この奇抜《きばつ》なスタイルこそ、のちに世界を笑いの渦《うず》にまきこむ独創的《どくそうてき》なものだったのです。ちょび髭《ひげ》の紳士《しんし》は、宿無《やどな》し詩人《しじん》で、いつもロマンと冒《ぼう》険《けん》を求めているのです。チャーリーのまわりに人が集まってきました。浮浪者《ふろうしゃ》〝チャーリー〟の誕生《たんじょう》です。扮装《ふんそう》をすると、つぎからつぎへとギャグのアイデアがわきあがってきます。チャーリーの胸《むね》は、魂《たましい》の喜《よろこ》びではちきれそうでした。

笑《わら》いのなかの真実

浮浪者《ふろうしゃ》チャーリーは、またたく間《ま》にスクリーンの人気者になりました。さらに自分で喜劇《きげき》を書き、主役、監督《かんとく》、演出《えんしゅつ》、音楽までこなし、子ども時代の思い出をちりばめた名作『キッド』や、文明の発達《はったつ》によって、人間が機械《きかい》に使われることをひにくった『モダン・タイムス』など、すぐれた映画《えいが》をつくりました。

第一次世界大戦を経験《けいけん》したチャーリーが、悲惨《ひさん》な戦争に反対して製作《せいさく》したのがはじめてのトーキー（無声《むせい》映画に対して音声《おんせい》の伴《ともな》った映画）作品『独裁者《どくさいしゃ》』です。「この映画が神さまのことばとなって、人々の心の良心《りょうしん》にうったえますように……」チャーリーははじめて深い祈《いの》りの

うちに映画をつくったのです。チャップリンの映画の笑《わら》いの中に見る真実の心は、世界中の人たちに熱狂《ねっきょう》的《てき》な支持《しじ》を受けました。

「あのドタ靴《ぐつ》の浮浪者《ふろうしゃ》は、わたしの護《まも》り神さ。やっこさんのおかげで、幸福《こうふく》になり、金持ちにもなり、有名になったんだよ」というのが、チャーリーの口癖《くちぐせ》になっていました。

晩年《ばんねん》、永世中立国《えいせいちゅうりつこく》のスイスに居《きょ》を構《かま》え、八十八歳で亡《な》くなりました。チャールズ・チャップリンの映画はくりかえしリバイバル上映《じょうえい》され、永遠に人々の笑《わら》いと涙《なみだ》を誘《さそ》っています。

ミッキー・マウスの生みの親

ウォルト・ディズニー

――まんが映画《えいが》で夢《ゆめ》の世界へ

ウォルト・ディズニー

（1901～1966）

アメリカの映画製作者《えいがせいさくしゃ》

イリノイ州《しゅう》で生まれる。絵を描《か》くのが好きで、まんが家を目指した。広告《こうこく》フィルム製作《せいさく》の仕事につく。

友人のアブとまんが映画《えいが》会社をつくる。

その後、兄のロイとお金を出しあい会社を設立《せつりつ》する。

１９３２年、はじめてのカラーまんが映画《えいが》『花と木』をつくり、アカデミー賞受賞《じゅしょう》。１９３７年、長編《ちょうへん》まんが映画『白雪姫《しらゆきひめ》』を完成《かんせい》させ、大成功をおさめる。『砂《さ》漠《ばく》は生きている』など、芸術《げいじゅつ》的な記録《きろく》映画も製作。

１９５５年、カリフォルニアにディズニーランド開設《かいせつ》。

ミッキー誕生《たんじょう》

二十世紀《せいき》はじめ、映画《えいが》は大衆《たいしゅう》の心をつかみ、映画産業《さんぎょう》は黄金期《おうごんき》をむかえようとしていました。ハリウッドのウォルト・ディズニー・スタジオは、まんが映画『しあわせウサギのオズワルド』シリーズのヒットに活気づいていました。

ウォルト・ディズニーは、一九二八年三月、新規契約《しんきけいやく》のためニューヨークの映画配給《はいきゅう》会社社長ミンツの所をおとずれ、こう切りだしました。

「オズワルドの映画《えいが》をいままでよりも高く二千五百ドルで買ってほしい」

ミンツは冷《ひ》やかに「いや、千八百ドルだ」

「それでは赤字です。もうかっているのになぜですか？　他では作れない良い映画ですよ」

「ハッハッハッハ。ディズニーさん、なにもおわかりでないようだね。あなたの会社のアニメーター四人が、ウチの会社に来て働《はたら》くことになったんですよ」

ようやく、ウォルトにミンツの腹《はら》が読めました。ミンツは、ウォルトの会社の社員を引きぬいてオズワルド映画を作り、もうけようとしているのです。かっとなったウォルトは、席《せき》をけって事務所を出ました。

傷心《しょうしん》のウォルトと妻《つま》リリーを乗せたハリウッド行きの汽車《きしゃ》がミシシッピ川をわたり終えるとき、ウォルトの頭の中にオズワルドに勝《まさ》る魅力的《みりょくてき》なキャラクターがひらめきました。

ウォルトは手を打ち瞳《ひとみ》を輝《かがや》かせ、

「そうだ！　新しいまんがの主人公はネズミにしよう。モーティマー・マウスはどうだい、リリー？」

「モーティマーなんて、へんだわ。ウォルト」
「それじゃあ、ミッキー……ミッキーだ。いい名前だ。よーし、リリー、これで決まった！」

ウォルトの胸《むね》は、希望と新しいアイデアでいっぱいになりました。

ミッキーのモデルは、ウォルトが十九歳《さい》ではじめて映画《えいが》会社をつくって失敗《しっぱい》したとき、事務所に現《あら》われたネズミでした。当時、ウォルトはそのうちの一匹をカゴに飼《か》い、固《かた》いパンを分けあって食べては、心を慰《なぐさ》めていたのです。

ハリウッドに帰ったウォルトは、日中、契《けい》

約《やく》してあった残《のこ》りのオズワルド映画をつくり、夜、裏切《うらぎ》り者のアニメーターたちに知られないように、ミッキー・マウスの映画製作に着手《ちゃくしゅ》しました。こうして作られたミッキー・マウス映画は、その秋、大当りしました。

音と動きのまんが映画《えいが》

それまでの無声《むせい》映画にかわって、世界ではじめてのトーキー映画（音声の伴《ともな》った映画）『ジャズ・シンガー』が上映《じょうえい》されたのは、一九二七年。そのときすでに、トーキー時代がくることを予感《よかん》したウォルトは、ミッキー・マウス映画の三作目『蒸気船《じょうきせん》ウィリー』をトーキーにすることを決断《けつだん》しました。

ガレージで映画《えいが》を上映《じょうえい》し、ミッキーの動きに合わせていろいろな音を出してみることにしました。ウォルトは画面《がめん》の光る印《しるし》に合わせて楽団《がくだん》が音をだせるように、フィルムの端《はし》に墨《すみ》をつける工夫《くふう》もしました。

なるべくゆかいな音をだそうと、ハーモニカや笛《ふえ》はもちろんのこと、牛の首につける鈴《すず》、洗濯板《せんたくいた》、なべやビン、ボール、水道管《かん》などが集められました。

画面では、蒸気船《じょうきせん》が煙突《えんとつ》から煙《けむり》を吐《は》きだし出発します。煙突から煙が出る動きに合わせて、洗濯板をクシでこすって音を出します。汽笛《きてき》は、三回目は調子はずれの笛《ふえ》の音にしました。口笛《くちぶえ》を吹《ふ》きながら、舵《かじ》をとるミッキー。ネコの船長になぐりとばされて転《ころ》がると同時に、ブリキの缶《かん》をたたきます。ガラン、ガラン……。ウォルトと二人のアニメーター、それにいっしょに会社を経営《けいえい》する兄ロイは、汗《あせ》だくになって、まんがの動きにぴったりの音をさがしました。

いよいよ、ニューヨークの録音《ろくおん》スタジオでオーケストラを集めて録音です。ところが、実《じっ》際《さい》にやってみると、大勢《おおぜい》の楽団員《がくだんいん》に払《はら》うお金がかさむうえに、コントラバスが大きな音をだすたびに真空管《しんくうかん》が破裂《はれつ》するのです。

用意した千ドルの録音費用《ろくおんひよう》ではとうてい間《ま》に合いません。ウォルトはロイに愛車《あいしゃ》のオープンカーを売り払《はら》って、もう千ドル用意するように電報を打ちました。ウォルトは気が気ではありません。でも、かならずこの映画《えいが》が大ヒットすると信じて前に進みました。

――ふたたび挑戦《ちょうせん》。こんどは成功《せいこう》です。音と動きが完全《かんぜん》に一致《いっち》した、ゆかいで楽しいまんが映画ができあがりました。

一九二八年十一月『蒸気船《じょうきせん》ウィリー』が封切《ふうぎ》られるとたいへんな評判《ひょうばん》をよび、五週間上映《じょうえい》してもまだ、映画館の前には長い列が続いていました。

ミッキー誕生《たんじょう》から四年。最初のカラーまんが映画『花と木』でアカデミー賞《しょう》を、「ミッキー・マウス」を生みだしたことをたたえて、アカデミー特別賞が授与《じゅよ》されました。ウォルトは三十歳《さい》でした。

お金の工面《くめん》に苦労《くろう》しながら、長編《ちょうへん》まんが映画『白雪姫《しらゆきひめ》』『ピノキオ』『ダンボ』などを発表してヒットさせました。夢《ゆめ》のように美《うつく》しいまんが映画《えいが》です。このころ、尊敬《そんけい》するチャールズ・チャップリンに会って「わたしはあなたのファンだ。かならずあなたは映画の第一人者になるよ」といわれて、おおいに勇気をえています。

第二次世界大戦後は、すぐれた自然記録映画を製作しました。

ディズニーランド

ウォルト・ディズニーが五十三歳で、自分の夢《ゆめ》の集大成《しゅうたいせい》としてカリフォルニアに開設《かいせつ》した、ディズニーランドの広場には、次のことばが掲《かか》げられています。

〝ディズニーランドはあなたの国です。ここで、おとなは過《す》ぎ去《さ》ったあまい思い出をよみがえらせ、若者は未来への夢と勇気《ゆうき》で胸《むね》をふくらませることでしょう〟

ディズニーランドは、経営的《けいえいてき》にも大きな利益《りえき》をもたらしました。

日本のディズニーランドにも、年間一千万人以上の人が訪《おとず》れています。ウォルトの作った映画や施設《しせつ》は、いつまでも私《わたし》たちの心に夢とやすらぎを与《あた》えつづけてくれることでしょう。

「水道哲学《てつがく》」で、庶民《しょみん》の暮《く》らしを変えた

松下幸之助《まつしたこうのすけ》

――便利《べんり》でゆたかな未来をひらく

松下幸之助（まつした・こうのすけ）

（1894～1989）

実業家《じつぎょうか》

和歌山県海草郡和佐村《かいそうぐんわさむら》（現・和歌山市）の旧家《きゅうか》に生まれる。15歳《さい》で大阪電灯《でんとう》に内線見習《ないせんみなら》い工《こう》として入社。

20歳で井植《いうえ》むめのと結婚《けつこん》。改良《かいりょう》ソケットを考案《こうあん》。

1918年23歳で、大阪に松下電気器具製作所《きぐせいさくじょ》を創《そう》設《せつ》。1927年「ナショナル」の商標《しょうひょう》をつくる。世界的恐慌《きょうこう》をのりきる。1935年、松下電器産業を設立《せつりつ》。

1946年、「平和・幸福《こうふく》・繁栄《はんえい》」をモットーにPHP研究所を設立。1952年、オランダのフィリップス社と技術提携《ぎじゅつていけい》。1961年、社長を退《しりぞ》き会長に就任《しゅうにん》。

84歳で松下政経塾《せいけいじゆく》を設立した。

生きたお金の使い方

「坊《ぼん》さん、タバコ買うてきてくれんか」

「へい」、松下幸之助《まつしたこうのすけ》は手動式《しゅどうしき》の旋盤《せんばん》（金属《きんぞく》を回転させて加工《かこう》する機械《きかい》）を使う手を止めて、切削油《せっさくゆ》で汚《よご》れた手をボロ布でふき、タバコ屋に走りました。

（今日はこれで二回目や。なんとか作業の手を休めずにすむ方法はないやろか……）

大阪市・船場《せんば》にある五代自転車店には、まだ乗《の》る人も少なく、いまの乗用車《じょうようしゃ》と同じくら

い高級な乗り物としてあつかわれていた自転車が陳列《ちんれつ》されていました。店には旋盤《せんばん》やボール盤《ばん》などの設備《せつび》があり、ちょっとした鍛冶屋《かじや》のようです。店は販売《はんばい》よりも修理《しゅうり》が主《おも》な仕事で、幸之助《こうのすけ》がこの店に修理見習《みなら》いの〝小僧《こぞう》〟として奉公《ほうこう》に出たのは、わずか十歳、明治《めいじ》三十八年のことでした。幸之助は自転車の修理仕事が好きで、熱心に仕事を覚《おぼ》えました。

それにしても、店にくるお客さんは、店主《てんしゅ》と話を始めると、きまって幸之助にタバコを買ってきてくれと頼《たの》むのでした。

（そうだ！　タバコを買い置《お》きしておけば、すぐにお客さまに渡《わた》せて喜《よろこ》ばれるし、仕事の

手も休めずにすみ、能率《のうりつ》が上がる）
　思いつくと、さっそく店の主人に話し、タバコ屋に買いに行きました。すると思いがけなく、二十個《こ》につき、一つタバコをおまけしてくれるのです。幸之助《こうのすけ》のアイデアで時間と手間《てま》がはぶけ、しかもタバコ一個分の収入《しゅうにゅう》となったのです。
「君のところの坊《ぼん》さん、なかなか賢《かしこ》い子どもやなあ。末《すえ》は偉《えら》くなるやろう」
　お客さんが幸之助を見ながら、店の主人に言うのを、幸之助は照《て》れながらも嬉《うれ》しく聞いていました。

信頼《しんらい》

ある日、本町二丁目の蚊帳問屋《かやどんや》から「自転車を持ってきて見せてほしい」と電話がかかりました。主人に言いつかって、幸之助《こうのすけ》は本町に出向《でむ》きました。自転車を売るチャンスがはじめてめぐってきたのです。幸之助は汗《あせ》をかきかき、蚊帳問屋の主人に一所懸命《いっしょけんめい》説明《せつめい》しました。

「なかなか熱心な子どもだね。よし、一割《わり》引いてくれたら買ってやろう」

「おおきに！」ペコリと頭を下げ、幸之助はとんで帰りました。主人にいきさつを話すと、

「一割も引いてどないすんのや。五分《ごぶ》だけ引かせてもらいます、ともう一度言うてこい」

一人で売れた嬉《うれ》しさと、五分引きと言うのがいやで、幸之助は「そう言わんといて負《ま》けてあげて」と言って、シクシク泣《な》きだしてしまいました。主人は、

「おまえは、どっちの店員や。しっかりせなあかん！」

ところが、幸之助はなかなか泣《な》きやまず、動こうともしません。そこへ、蚊帳問屋《かやどんや》の番頭《ばんとう》さんが、やってきました。返事が遅《おそ》いのでようすを見にきたのです。つかいの番頭さんから話を聞いた蚊帳問屋の主人は、幸之助の熱意と純情《じゅんじょう》に感動して、「小憎《こぞう》さんに免《めん》じて、五分《ごぶ》

引きで買ってやろう。それに、小僧さんがいる間は、五代自転車店から自転車を買うことにする」と約束《やくそく》してくれたのです。

幸之助《こうのすけ》は、おおいに面目《めんぼく》をほどこすことができました。幸之助はなにごとにも誠実《せいじつ》で熱心、また泣き虫でもあったのです。

電気の時代がくる

年々、自転車は普及《ふきゅう》し、価格《かかく》も安い実用品になり、五代自転車店は、大きな問屋《とんや》に発展《はってん》していきました。そのころ、大阪に梅田《うめだ》から築港線《ちっこうせん》が開通し、全市にわたっていたる所で市電の路線《ろせん》工事が行なわれていました。幸之助の頭にひらめくものがありました。

「これからは、電気の時代がくる！　電気事業に転職《てんしょく》しよう！」

しかし、お世話になった主人になんと断《こと》わっていいのやら……。悩《なや》んだ末《すえ》に、姉から《ハハ　ビョウキ》の電報を打ってもらって暇《ひま》をもらったのです。十五歳の春、幸之助は風呂敷《ふろしき》に着物一枚《まい》を包《つつ》んで、約五年間過《す》ごした五代自転車店を後にしました。心のなかで、くりかえし主人にわびながら……。

松下電器産業株式会社《かぶしきがいしゃ》創立者《そうりつしゃ》・松下幸之助《まつしたこうのすけ》が電気事業に出会うまでの物語です。二十三歳で、電気工事の技術者《ぎじゅつしゃ》から独立《どくりつ》して事業をはじめ、電灯《でんとう》が各家庭にようやく一灯《とう》ずつともりはじめたころ、「もう一灯あればなあ……」という庶民《しょみん》の願《ねが》いをかなえる〝二股《ふたまた》プラグソケット〟を発明し、大きく事業を発展《はってん》させました。消えやすい自転車用ろうそくランプに代わって、五十時間以上明りがついている電池ランプも考案《こうあん》。幸之助は、つねに人が困《こま》っていることを見つけ、それを工夫《くふう》し、人々の生活を便利《べんり》で豊《ゆた》かなものにするために努力しました。また、昭和四年の世界的な大恐慌《だいきょうこう》のときには、「半日勤務《きんむ》、生産半減《せいさんはんげん》、給与《きゅうよ》全額《ぜんがく》支給《しきゅう》」とし、従業員《じゅうぎょういん》を一人も解雇《かいこ》せず不況《ふきょう》を乗りきり、「経営《けいえい》の神さま」と呼ばれ尊敬《そんけい》を集めました。

幸之助は、生産者としての使命《しめい》を考えるようになりました。それは、この世《よ》の貧《まず》しさを克服《こくふく》することだという信念《しんねん》にいたりました。

「水道水は価値《かち》あるものだ。豊富《ほうふ》で安い。だれでも使うことができる。水道水のように、価値あるものを安価《あんか》で豊富に生産していこう。生産者はこの世にものを満《み》たし、不自由をなくするのが務《つと》めではないか。そうすることで人々の生活は豊《ゆた》かになる」

この考えは「水道哲学《てつがく》」と呼ばれる幸之助《こうのすけ》の経営哲学《けいえいてつがく》として知られています。

確《たし》かな未来を見通し、今日の日本の繁栄《はんえい》を築《きず》きあげた人の一人です。

飛行機《ひこうき》の父

ライト兄弟

——力を合わせて空を飛《と》んだ〝兄弟愛《あい》〟

ライト兄弟

兄ウィルバー（１８６７〜１９１２）

弟オービル（１８７１〜１９４８）

アメリカの飛行機製作者《ひこうきせいさくしゃ》

父は牧師《ぼくし》。１８８９年、オハイオ州《しゅう》デイトンで、兄弟の手作りの印刷機《いんさつき》で新聞を発行。

１８９２年、自転車販売業を営《いとな》む。妹のキャサリンに支《ささ》えられながら、１９００年からグライダーを製作し、１９０１年、風洞《ふうどう》で翼《つばさ》の研究をする。

１９０３年、世界初《はつ》の動力飛行機《ひこうき》による飛行に成功《せいこう》。この最初の飛行の滞空《たいくう》時間は１２秒間《びょうかん》、飛行距離《きょり》は約３６メートル。１９０９年、アメリカン・ライト飛行機製作会社を設立《せつりつ》、航空《こうくう》時代のさきがけとなった。

おもちゃのヘリコプター

「それっ」

ウィルバーは、竹と紙でできたヘリコプターのおもちゃを空に放《はな》ちました。

「うわーっ、飛《と》んだ。飛んだ」「すごーい」と、弟オービルも妹のキャサリンも、ヘリコプターのゆくえを見つめます。

ライト家の子どもたちは、牧師《ぼくし》の父親のおみやげに、「バット（こうもり）」と名づけて夢中《むちゅう》になって遊《あそ》びました。

二枚《まい》のプロペラの動力となるゴムバンドをまわし、手をはなすたびに、十一歳《さい》、七歳、四歳の三人の心は舞《ま》いあがり、地上を見おろしているような気持ちです。

もし、空を飛《と》べたら最高！……それぞれの胸《むね》に、同じ夢《ゆめ》がふくらみます。

バットが壊《こわ》れたとき、三人は壊れたバットを研究し、同じものを作りました。

ウィルバーが図面《ずめん》を書き、竹でプロペラを作り、キャサリンが紙をはる。それにオービルがゴムバンドを取りつける。こうしてたくさん作って売り、アルバイトは大当りです。

ライト兄弟が育った時代は、ベルが電話を発明、エジソンが活動写真（映画《えいが》）を発明するなど、機械《きかい》文明が花開いた時期です。

グライダーの研究を

ウィルバーが高校三年のとき、アイスホッケーの試合で、スティックが顔面《がんめん》に当り、大ケガをしたのです。この負傷《ふしょう》で大学進学はあきらめざるをえなくなりました。傷心《しょうしん》のウィルバーに、好《す》きな科学《かがく》や機械工学《きかいこうがく》の本が希望を与《あた》えてくれました。

ケガが癒《い》えたウィルバーと働《はたら》くことの好きなオービル兄弟は、当時大流行《だいりゅうこう》のきざしを見せていた、自転車の販売《はんばい》と修理《しゅうり》の店『ライト自転車商会』を開きました。そこへ、ドイツのグライダーの研究家・リリエンタール博士《はかせ》が、実験飛行《ひこう》中、墜落死《ついらくし》したニュースが伝わってきました。一八九六年のことです。

博士の死は、飛行機《ひこうき》が大好きな二人にとって衝撃《しょうげき》でした。新聞を手にしたウィルバーが、「ぼくたちが、博士のやりのこしたことをやろうじゃないか」と言えば、

「そうだ。ぼくらの手でグライダーにエンジンをつけて飛ばすんだ！」

オービルが力強く答えました。

兄は二十九歳、弟二十五歳。この日をさかいに兄弟は、自転車屋の仕事の合間《あいま》を利用して、飛行機の研究に取り組みはじめたのです。

フライト成功《せいこう》

兄弟は、気象台《きしょうだい》に風速《ふうそく》八メートル以上の強い風が吹《ふ》く土地を問い合わせ、グライダーの実験場をノースカロライナ州《しゅう》のキティ・ホークに決めました。

砂丘《さきゅう》にキャンプを張《は》り、千回以上実験をくりかえし、二人は、自由にグライダーを操作《そうさ》できるようになりました。

クリスマス間近《まぢか》の一九〇三年十二月十四日。いよいよ、初《はつ》のエンジンつき飛行機《ひこうき》の実験飛行にこぎつけました。

砂丘に立った二人は銅貨《どうか》を投げました。

「よしッ、表だ。ぼくの勝ち。先に飛行機に乗せてもらうよ」

ウィルバーが最初に飛行機に乗ります。見守るのは、オービルの他、飛行機を運ぶ手伝いにきた難破船《なんぱせん》救護所《きゅうごじょ》の職員《しょくいん》五人だけです。

寒い日でした。空には海が近いことを知らせるカモメが舞《ま》っています。

ウィルバーは、操縦席《そうじゅうせき》に腹《はら》ばいになり、操縦かんを握《にぎ》りしめました。エンジンがうなり、

プロペラがまわる。飛行機《ひこうき》はスタート台から離《はな》れたかと思うと、すぐ地面に落ちてしまいました。

日を改《あらた》め、同月十七日にふたたび挑戦《ちょうせん》しました。次はオービルが乗って実験です。約三十六メートルを飛《と》びました。

「やった！」

「とうとう、やったな」

この日、四回目のウィルバーが乗った実験で、飛行機は五十九秒間《びょうかん》、約二百六十メートルを飛びました。

二人は肩《かた》をたたきあって喜びました。成功《せいこう》は兄弟愛《あい》の結晶《けっしょう》でした。

人類初《じんるいはつ》のエンジンつき飛行機《ひこうき》の歴史的記録が生まれました。この飛行機を『フライヤー一号』と名付《なづ》けました。

翌年の五月、二号機の飛行テストを場所をかえて、ハフマン牧場《ぼくじょう》で行ないました。しかし、九メートルしか飛《と》べませんでした。新聞記者たちは、がっかりして帰っていきました。

けれども、二人はそんなことは、気にせずに研究を続けました。

改良《かいりょう》を重ねて九月には、円を描《えが》いて飛《と》ぶ、初《はつ》の旋回飛行《せんかいひこう》に成功《せいこう》しました。

飛行機《ひこうき》の時代に

飛行機の研究のさかんなフランスに招待《しょうたい》されたのは、実験成功《せいこう》から五年後……。ウィルバーは、飛行機のつばさをはるなどして、蔭《かげ》で成功を支《ささ》えた妹キャサリンを乗せ、パリ近郊《きんこう》をゆうゆうと飛《と》んでみせました。兄弟は、本国《ほんごく》アメリカでもようやく認《みと》められました。

その後、第一次世界大戦をはさんで、飛行機はいちじるしく発達《はったつ》しました。

一九三二年、キティ・ホークに飛行記念碑《ひ》が建立《こんりゅう》されました。記念式典《しきてん》に招《まね》かれたオービルは六十一歳。兄のウィルバーと妹のキャサリンはすでに亡《な》き人です。晩年《ばんねん》兄弟は、特許《とっきょ》訴訟《そしょう》の裁判《さいばん》をくりかえしました。その心労《しんろう》が兄の心身《しんしん》をいためつけていたのかもしれません。

見上げた青空に、二人の笑顔《えがお》が大写《おおうつ》しになりました。空には、あの日と同じ白いカモメが飛んでいました。

偉人《いじん》たちの〈あの日《ひ》　あの時《とき》〉
愛《あい》で世界《せかい》を照《て》らした人々《ひとびと》

平成15年5月1日　初版発行

著　鈴木洋子《すずきようこ》〈検印省略〉
絵　山岡勝司《やまおかかつじ》〈検印省略〉

発行者　岸　重人

発行所　株式会社 日本教文社
東京都港区赤坂9－6－44　〒107-8674
電話　03 (3401) 9111（代表）
03 (3401) 9114（編集）

頒布所　財団法人 世界聖典普及協会
東京都港区赤坂9－6－33　〒107-8691
電話　03 (3403) 1501（代表）
振替　00110-7-120549

印刷・製本　株式会社 シナノ

NDC 280.8　152p　21.5 cm

ISBN4-531-04122-4　Printed in Japan

日本教文社刊

谷口清超童話コミック　無限供給を受ける話

谷口清超原作　西岡たかし画

「困っている人を助けたい」という心の豊かさが、生活をも豊かにしていく「無限供給を受ける話」と、本当の勇気や智慧とはどういうものかを楽しく教えてくれる「黄金色のガチョウの話」の２作を収録。

1000円

ジュニア　希望の祈り　毎日の進歩のために

谷口雅春著

小・中学生のための、ポケットサイズの祈りの本。「勉強を楽しくする祈り」「友だちをふやす祈り」「希望を実現する祈り」の三項目にわたり、いつでも無限の力を呼び出せる言葉がイッパイ！

820円

黄色い燈台　（新編・新装）

谷口清超著　矢車涼絵

二人のおさない兄妹の祈りが、海をへだててお爺さんの祈りと響き合う魂の物語「黄色い燈台」をはじめ、えくぼがかわいい子供のほっぺたを探してあるく「えくぼのお話」など楽しくてためになる光明童話集。

1325円

偉人たちの〈あの日 あの時〉　夢をかなえた世界の人々

岡　信子著　山岡勝司絵

夢をかなえた世界の人々の、子ども時代のエピソードを中心とした19話。偉人たちが人生を決めた出会いや、夢を見つけそれをどう実現していったかを紹介。大切なことがいっぱい詰まった、楽しく読めるおすすめの一冊！

980円

やさしく書いた日本の神話

佐脇嘉久著　駒宮録郎絵

少年少女、母親向きに神話の表現をできるだけやさしくくだいて面白く読めるよう物語の形で書き表し、日本民族の理想、神観等を分かりやすく解説。神話の精神・大筋を把握できると好評！

1220円

各定価（5%税込）は、平成15年5月1日現在のものです。品切れの際はご容赦ください。
小社のホームページ　http://www.kyobunsha.co.jp/　では様々な書籍情報がご覧いただけます。